Hermann Lotze

Grundzüge der Religionsphilosophie

Hermann Lotze

Grundzüge der Religionsphilosophie

ISBN/EAN: 9783743354661

Hergestellt in Europa, USA, Kanada, Australien, Japan

Cover: Foto ©Lupo / pixelio.de

Manufactured and distributed by brebook publishing software (www.brebook.com)

Hermann Lotze

Grundzüge der Religionsphilosophie

Grundzüge

der

Religionsphilosophie

Diktate aus den Vorlesungen

von

Hermann Lotze

Zweite Auflage

Leipzig
Verlag von S. Hirzel
1884

Inhalt.

	Seite
Einleitung	5
Erstes Kapitel. Die Beweise für das Dasein Gottes	9
Zweites Kapitel. Nähere Bestimmungen des Absoluten	25
Drittes Kapitel. Die metaphysischen Eigenschaften Gottes	31
Viertes Kapitel. Von der Persönlichkeit des Absoluten	37
Fünftes Kapitel. Von dem Begriff der Schöpfung	46
Sechstes Kapitel. Von der Erhaltung	52
Siebentes Kapitel. Von der Regierung	61
Achtes Kapitel. Von dem Begriff des Weltzweckes	72
Neuntes Kapitel. Religion und Moral	82
Zehntes Kapitel. Dogmen und Konfessionen	89

Die gegenwärtige Auflage enthält die Diktate aus dem Sommer-Semester 1875 (Kap. 1—8). Denselben sind aus dem Winter-Semester 1876/79 die (damals neu hinzugekommenen) Kap. 9 und 10 angefügt worden.

Einleitung.

§ 1.

Wäre die **Religion** ein normales Erzeugnis der **menschlichen Vernunft allein**, so würde Philosophie das einzige legitime Organ zur Feststellung und Interpretation des religiösen Inhaltes sein.

Stammte sie dagegen aus **Offenbarung**, so würde die Vernunft allein sie zwar nicht haben **finden können**; aber nachdem sie da wäre, müßte sich doch zeigen lassen, daß ihr Inhalt die zutreffende Erfüllung der religiösen Bedürfnisse ist, welche unsere Vernunft hegen muß, aber nicht selbst befriedigen konnte. Auch dann also würde die Philosophie in diesem Nachweis ein Geschäft zu verrichten haben. Die Behauptung, der religiöse Inhalt sei 'Mysterium', ist untriftig. Viele religiöse Thatsachen können derart sein, daß die Möglichkeit ihres Zustandekommens sich nicht vernunftmäßig begreifen läßt, und daran würden wir nicht allgemein Anstoß nehmen. Aber ein 'Mysterium', dessen Sinn sich nicht wenigstens definieren ließe, würde ein Curiosum ohne allen Zusammenhang mit unsern religiösen Bedürfnissen und deßhalb ein unwürdiger Gegenstand der Offenbarung sein.

Wäre endlich die Religion ein **krankhaftes** Erzeugnis des menschlichen Geistes, so fände auch dann die Philosophie Beschäftigung: sie würde psychologisch und geschichtlich die Bedingungen der

Entstehung und die der künftigen Vermeidung dieses Irrtums zu untersuchen haben.

Der Hauptgegenstand der folgenden Betrachtungen schließt sich dem ersten Gesichtspunkt an: wir suchen zu ermitteln, wieviel von dem religiösen Inhalt sich vernunftmäßig finden, beweisen oder doch wenigstens begründen läßt. Die beiden andern Gesichtspunkte ordnen wir unter.

§ 2.

Man pflegt für religiöse Wahrheiten den Glauben im Gegensatz zum Wissen als eigentümliches Organ zu verlangen. Diese Behauptung findet ihren schärfsten Ausdruck in dem Hinweis, daß ja auch die wissenschaftliche Erkenntnis zuletzt immer auf einem 'Glauben', d. h. auf einem unmittelbaren Zutrauen zu gewissen einfachsten evidenten Wahrheiten beruhe, die eines Beweises weder bedürftig noch fähig seien.

Man übersieht hier einen großen Unterschied. Alle diese letzten evidenten Sätze, auf die sich unser Wissen gründet, sind allgemeine Urteile, die nicht erzählen, daß irgend etwas sei oder geschehe, sondern die nur sagen, was da würde sein oder geschehen müssen, wenn bestimmte Bedingungen eintreten, oder kürzer: sie drücken alle bloß gewisse allgemeine Regeln aus, denen wir in der Verknüpfung des vorstellbaren Inhalts folgen müssen. Dagegen die Sätze, auf denen das eigentümlichste Interesse der Religion liegt, z. B. daß Gott sei, daß er die Welt geschaffen habe, daß die Seele nach dem Tode fortlebe ꝛc., sind sämtlich assertorische Urteile, welche eine bestimmte partikulare Thatsache behaupten. Von jenen allgemeinen Sätzen kann man begreifen, daß sie Gegenstände unmittelbarer Einsicht oder Evidenz für uns sein können; denn sie sind gar nichts anderes als Ausdrücke der Thätigkeitsformen, in denen sich unsere Vernunft ihrer eigenen Natur gemäß bewegen muß. Dagegen diese assertorischen Sätze des Glaubens, welche eine unserer eigenen Natur fremde Thatsache der Welteinrichtung behaupten, können nicht mit gleichem Recht als eine natürliche oder angeborne Ausstattung unseres Geistes gelten, sondern sind auf irgend eine Weise Ergebnisse der Bildung.

§ 3.

Man würde besser eine andere Vergleichung der religiösen Wahrheit und der wissenschaftlichen Erkenntnis unternommen haben. Keine Erkenntnis besteht bloß aus den allgemeinen Sätzen, deren wir gedachten, sondern entsteht durch die Anwendung derselben auf einen Inhalt, den nur die Erfahrung geben kann; kürzer: jede Erkenntnis bearbeitet gegebene Anschauungen. Nun könnte man behaupten, diese notwendigen Data liefere nicht ausschließlich die Außenwelt durch Einwirkung auf unsere Sinne. Es lasse sich vielmehr ganz ebenso gut eine göttliche oder übersinnliche Einwirkung auf unser Inneres denken, durch die uns anders geartete 'Anschauungen' zu teil werden, welche die 'Sinne' niemals liefern können und welche eben jene mit unmittelbarer Gewißheit sich aufdrängende religiöse Erkenntnis bilden.

Hierauf ist zu entgegnen, daß jene 'göttlichen Einwirkungen', wenn man sie auch gern zugiebt, dann doch nach Analogie mit den zum Vergleich herbeigezogenen 'sinnlichen Eindrücken' unmittelbar nur in einer gewissen Art bestehen können, wie wir affiziert werden oder wie wir uns befinden oder wie uns zu Mut ist. Gerade so nun, wie ein sinnlicher Eindruck, z. B. eine Farbe oder ein Ton, noch gar keine 'Erkenntnis' ist, eine solche vielmehr erst entsteht durch Vergleichung des einen Eindrucks mit anderen und Beachtung der zwischen ihnen vorkommenden Beziehungen, gerade so würden jene übersinnlichen Eindrücke unmittelbar bloß Gefühle, Stimmungen oder Bewegungen unseres Gemütes sein, in dieser Gestalt aber noch keine religiöse Wahrheit darstellen. Vielmehr würde eine solche, die sich in einem bestimmten mitteilbaren Satze aussprechen ließe, doch nur entstehen durch eine denkende Bearbeitung dieser 'inneren Erfahrungen', welche auf die Gründe dieser Gemütszustände zurückginge.

§ 4.

Es bleibt uns also aus dieser Entgegensetzung von Wissenschaft und Glauben als brauchbares Ergebnis nur die Überzeugung übrig, daß allerdings nicht unsere ganze Erkenntnis aus äußerer Erfahrung entspringt, die uns durch die 'Sinne' vermittelt wird, sondern daß es auch innere Zustände giebt, die als Data zur Gewinnung von Wahrheit benutzbar sind.

Nicht ausschließlich, aber hauptsächlich auf diese letzteren gründet sich der Ausbau der Religion, und zwar kann man drei Gruppen dieser inneren Zustände unterscheiden:

1) Die persönlichen Gefühle der Furcht, der schlechthinigen Abhängigkeit von unbekannten Mächten, welche zu den wirksamsten, aber auch zu den rohesten Beweggründen gehören, die das Gemüt antreiben, in einer nicht-erfahrungsmäßigen Weltansicht Trost zu suchen; dann

2) viel edler und ebenso wirksam die ästhetischen Gefühle, die dem Schönen, das sie in der Welt finden, sich mit Bewunderung hingeben und hierdurch zur Bildung einer Idealwelt angeregt werden, ohne ein egoistisches Interesse des Trostes, vielmehr mit der gewissen Überzeugung, daß dies Schöne und Bedeutungsvolle nicht ein zufälliges Produkt des Bedeutungslosen, sondern entweder selbst das Prinzip der Welt oder mit dem schöpferischen Prinzip derselben nahe verwandt sein müsse; endlich

3) die sittlichen Gefühle, welche, aus 'bloßer Erfahrung' unableitbar, uns zu dem Versuch nötigen einen Weltbau auszudenken, in dem diese Thatsache der sittlichen Verpflichtung des Willens zu einer bestimmten Form des Handelns eine begreifliche und vernünftige Stelle findet.

Denken wir uns nun die religiöse Wahrheit aus allen diesen Datis durch unser Nachdenken entwickelt, so kommen wir allerdings zu dem, was man als 'Religion innerhalb der Grenzen der bloßen Vernunft' bezeichnen könnte, aber doch nicht zu

dem, was man so genannt hat. Denn in den meisten derartigen
Versuchen ist besonders die große und wichtige Einwirkung jener
ästhetischen Elemente übersehen und dadurch ein sehr trockener
Rationalismus an die Stelle dessen getreten, was die ganze Vernunft nach allen ihren Richtungen thätig hervorbringen könnte.

Erstes Kapitel.
Die Beweise für das Dasein Gottes.

§ 5.

Die verschiedenen Versuche der Vernunft, von allen den erwähnten Anfängen aus zu einer Gewißheit über das Übersinnliche
zu kommen, sind zu mannigfaltig, um sie direkt darzustellen. So
oft aber die Wissenschaft sich über ihren Ertrag Rechenschaft zu
geben suchte, geschah es in einer Lehre von den 'Beweisen für
das Dasein Gottes'. Demzufolge führen auch wir jetzt diese
Beweise vor, in der Absicht, zu zeigen, wie jeder von ihnen seinen
besonderen Weg nimmt, um einen Teil der übersinnlichen Wahrheit zu finden, und mit der kurzen Vorbemerkung, daß natürlich
diese Beweise eigentlich nicht das Dasein Gottes als notwendig,
d. h. als abhängig von etwas Anderem, sondern daß sie alle
bloß unsere Annahme dieses Daseins als eine denknotwendige
Folge gegebener Weltthatsachen beweisen können.

§ 6.

Der ontologische Beweis in seiner gewöhnlichen Fassung
behauptet, daß der Begriff anderer Wesen zwar die Existenz
derselben nicht einschließe, wohl aber der des allervollkommensten Wesens, das ja seinem eigenen Begriff widersprechen würde,
wenn ihm die eine Vollkommenheit, nämlich das Dasein, nicht
zukäme.

Der logische Irrtum dieses Beweises ist hinlänglich bekannt. Nicht bloß der Begriff des vollkommensten, sondern schon

der jedes lebendigen oder thätigen Wesens (z. B. selbst der des Tieres) schließt als eine notwendig mitzudenkende Bestimmung, ohne welche alle die übrigen Prädikate (z. B. Empfindung, Bewegung, Fortpflanzung 2c.) ganz undenkbar sein würden, auch das Dasein mit ein. Aber für keinen einzigen dieser Begriffe folgt aus der Notwendigkeit dieses Merkmal (der Existenz) in ihm mit zu denken, daß nun auch der Gesamtinhalt des so vollständig gedachten Begriffes Gültigkeit in der Wirklichkeit habe und nicht bloß eine denkbare Vorstellungskombination sei.

Allein, wenn auch logisch ganz untriftig, ist doch dieser Beweisversuch sonst interessant. Denn das, was ihn veranlaßt die Existenz als notwendiges Attribut des Gesamtinhalts des Begriffs vom vollkommensten Wesen anzusehen, ist nicht bloß wie bei dem andern Begriff (dem des Tieres) der Umstand, daß die übrigen Prädikate formell sich nur an ein Seiendes und nicht an ein Nichtseiendes würden anknüpfen lassen. Vielmehr bricht hier offenbar eine ganz unmittelbare Überzeugung hindurch: daß die Gesamtheit alles Wertvollen, alles Vollkommenen Schönen und Guten, unmöglich in der Welt oder in der Wirklichkeit heimatlos sein kann, sondern den allerersten Anspruch darauf hat, von uns als unvergängliche Realität betrachtet zu werden. Diese Zuversicht, die eigentlich eines Beweises nicht bedarf, hat sich in diesem ungeschickten Beweise scholastisch zu formulieren gesucht.

§ 7.

Der kosmologische Beweis beginnt in einer häufig vorkommenden, jedoch ganz inkorrekten Fassung damit, das Dasein jedes einzelnen Dinges und der Welt überhaupt sei zufällig und setze deshalb ein nicht zufälliges, sondern notwendiges Wesen voraus.

Man muß hier die einzelnen Begriffe, die zu diesem Gedanken übel verbunden werden, vorher einer Bestimmung unterziehen.

Der gewöhnliche Sprachgebrauch kennt die philosophische Bedeutung des Wortes 'zufällig' gar nicht, nach welcher es von jedem Seienden gilt, dessen Nichtsein im allgemeinen ohne Widerspruch denkbar wäre, dessen Begriff mithin oder dessen Natur sich gegen die Aufhebung seines Daseins nicht zur Wehre setzt. Vielmehr setzt der gemeine Gebrauch zunächst das 'Zufällige' nur dem Absichtlichen entgegen und versteht darunter alle die Nebenwirkungen, die aus unserm beabsichtigten Handeln unbeabsichtigt deswegen entstehen, weil unsere Handlungen selbst meist nur durch irgend eine Umänderung von Objekten der Außenwelt ausführbar sind, diese Objekte aber nicht von uns geändert werden können, ohne wegen der von uns unabhängigen Beziehungen, in denen sie untereinander stehen, die empfangenen Einwirkungen nach mannigfaltigen Richtungen weiter fortzupflanzen.

Wir sprechen ferner von 'zufälligen' Ereignissen, wenn wir unsere Aufmerksamkeit auf ein allgemeines Naturgesetz gerichtet haben und in einem Falle seiner Anwendung Vorgänge eintreten, die aus ihm und aus den für seine Anwendung notwendigen Umständen nicht, sondern nur aus Nebenumständen folgen, die dem Gesetze fremd sind. Auch dieses 'Zufällige', so wie das vorige, ist überall da, wo es vorkommt, notwendig und unvermeidlich und stets durch seine hinlänglichen Gründe bedingt, nur daß diese Gründe nicht in der Absicht und nicht in dem Gesetz liegen.

Endlich nennen wir 'zufällig' auch solche Thatsachen, von denen wir annehmen, daß sie in einem mit Recht oder Unrecht von uns vorausgesetzten Plane des Weltlaufs nicht vorherbestimmt sind, sondern nur durch den Mechanismus der wirksamen Mittel nebenher entstehen, die zur Verwirklichung jenes Planes aufgeboten sind.

Und hieran schließt sich noch der weitere Gebrauch des Wortes, nach welchem es eine bloße Wertbestimmung wird und dasjenige bezeichnet, dessen Natur und Inhalt weder durch eigenen Wert noch durch Zusammenhang mit anderen Werten das Dasein zu verdienen scheint, dennoch aber dieses Dasein genießt. In diesem Sinne ist das Zufällige das bloß Thatsächliche, dessen Sein sich weder von einer bewirkenden Bedingung ableiten, noch durch seinen eigenen Wert rechtfertigen läßt.

§ 8.

Der andere Begriff, der des 'Notwendigen', ist in seiner einzigen ganz klaren Bedeutung für uns vollkommen identisch mit dem des Bedingten. Nur dasjenige 'ist' notwendig, dessen Wirklichkeit dann nicht hinweggedacht werden kann, wenn eine bestimmte vorausgesetzte Bedingung wirklich stattfindet.

Man begreift aber recht gut, woher der Wunsch kommt, diesem 'bedingten Notwendigen' ein anderes von höherer Art entgegenzusetzen. Denn ein c, welches zwar dann sein muß, wenn ein bestimmtes b ist, ist 'notwendig' nur in dem Sinne des Erzwungenen. Durch seine eigene Natur würde c nicht sein, wenn ihm b nicht zu Hülfe käme. Das 'Notwendige im höheren Sinne', das man sucht, würde also ein solches sein, dessen Dasein nicht von einem Andern abhängt, also nicht bedingt ist.

Aber es ist ganz unrecht, dieses gesuchte Unbedingte dann noch mit dem Prädikat des 'Notwendigen' zu bezeichnen; es muß vielmehr das schlechthin Thatsächliche heißen, das ist, nur weil es ist, zu seinem Dasein gar keiner auswärtigen Bedingung bedarf, eben deshalb aber auch nur wirklich, niemals aber notwendig sein kann.

§ 9.

Nach dieser Zergliederung hängen die Gedanken des kosmologischen Beweises übel zusammen. Von dem so genannten 'Zufälligen', d. h. von dem, was durch etwas Anderes außer ihm bedingt ist und in dieser Hinsicht eben zugleich notwendig heißen muß, kann man zwar zu 'Unbedingtem' aufsteigen, dessen Dasein von nichts Anderem abhängt, eben deswegen aber nicht 'notwendig', sondern bloß thatsächlich oder wirklich ist.

Das Verlangen, etwas zu finden, das durch seine eigene Natur seine Existenz notwendig machte, ist an sich unerfüllbar, wie wir bei dem ontologischen Beweise sahen, und deswegen ist auch der Gedanke verfehlt, jenes gesuchte 'Unbedingte' in einem allervollkommensten Wesen zu erblicken. Auf jenes bloß wirkliche (nicht notwendige) unbedingte Dasein hat (eben deswegen, weil dasselbe 'unbedingt' ist, also von keinerlei Gründen abhängt) das Kleinste Geringste und Unbedeutendste genau so viel Rechtsanspruch als das Vollkommenste.

Auch nach anderer Richtung hin geht der kosmologische Beweis weiter, als seine Prämissen erlauben. Es war berechtigt, zu dem Bedingten in der Welt Unbedingtes zu suchen, aber es ist ein ganz willkürlicher Sprung, anzunehmen, dies Unbedingte müsse Eines sein; und vollends, es könne nur in Gestalt eines einzigen realen Wesens gedacht werden. Es ist möglich, daß diese Annahme sich später rechtfertigt; hier aber liegt offenbar die andere viel näher, zu der die Naturwissenschaften durch das Bedürfnis der Welterklärung gekommen sind, nämlich die einer sehr großen Vielheit unbedingt daseiender Elemente, die gegen einander selbstständig sind und nur einem allgemeinen Gesetzkreise unterthan, infolge dessen aus ihren veränderlichen Stellungen zu einander die mannigfachen Erscheinungen hervorgehen.

Noch eine logische Erwägung mußte zunächst diese Ansicht bevorzugen. Man sieht nämlich nicht ein, wie ein einziges Unbedingtes, wenn es auch da wäre, im stande sein sollte etwas Anderes zu bedingen, also als das gesuchte Anfangsglied zu der bedingten Reihe der Weltbegebenheiten zu dienen. Ein Schluß oder eine Konsequenz folgt für uns immer bloß aus dem Zusammentritte von zwei Prämissen, nicht aus einer allein. Zu dem Einen unbedingten Wesen würden daher, wenn aus ihm etwas folgen soll, immer wieder andere aus ihm nicht fließende, sondern ebenfalls unbedingte Nebenumstände hinzukommen müssen, die Welt also nicht von einem, sondern von vielen unbedingten Anfängen abhängen.

§ 10.

Der teleologische Beweis will die erfahrungsmäßige Zweckmäßigkeit, die in der Welt vorkommt, zum Ausgangspunkt für einen Schluß auf eine einzige zwecksetzende und schöpferische Vernunft als höchster Welturfache machen.

Untersuchen wir zuerst den Begriff des 'Zweckmäßigen' selbst. Ganz unzweideutig ist er nur dann, wenn wir von bewußten Absichten unseres Willens ausgehen, die sich einen bestimmten Erfolg zum Zweck setzen. Dann ist 'zweckmäßig' die Auswahl oder Kombination der Mittel, die durch ihr gesetzliches Wirken die Erfüllung jenes Zweckes herbeiführen. Jene Mittel selbst 'zweckmäßig' zu nennen ist eigentlich nicht korrekt; sie selber sind bloß brauchbar, d. h.: ihre Natur ist an sich auf gar keinen bestimmten Zweck berechnet, den wir uns setzen könnten, sondern sie ist bloß so geartet, daß uns eine nützliche Anwendung derselben für unsere Zwecke möglich wird.

Daß nun diese 'Brauchbarkeit' oder 'zufällige Zweckmäßigkeit' der Dinge in der Welt sehr häufig vorkommt, beweist gar nichts weiter. Denn wenn es einmal Dinge mit Eigenschaften und feststehenden Wirkungsweisen giebt, so ist es selbstverständlich, daß einige unserer Absichten (die doch selber zuletzt immer auf irgend eine Veränderung in den Zuständen von Dingen hinauslaufen) durch die in Anspruch genommene Wirksamkeit anderer Dinge erfüllt werden können. Mehr aber kommt in Wirklichkeit nicht vor. Die Natur der Dinge ist nicht so eminent brauchbar, daß sie zur Erfüllung aller selbst berechtigter Absichten ausreichte, und nicht so absolut brauchbar, daß sie nicht ebensogut zur Vereitelung des Vernünftigen und zur Hervorbringung des Unberechtigten dienen könnte.

§ 11.

Dieser 'Brauchbarkeit' gegenüber spricht man von einer 'immanenten Zweckmäßigkeit', welche zunächst in den einzelnen Organismen vorkommt, die keinen anderen Zweck außer ihrem eigenen Dasein haben, in deren jedem aber alle Teile sich wechselseitig wie Zweck und Mittel verhalten. Von ihnen aus wird diese Zweckmäßigkeit dann auf das Weltganze wie auf einen 'großen Organismus' übertragen.

Von diesen zusammengesetzten Gebilden pflegen wir nun zu behaupten, sie seien als bloße Produkte des blinden Zusammenwirkens vieler Elemente und ohne die Einheit einer leitenden Absicht unmöglich. Dieser Schluß ist entschieden falsch. Selbst dann, wenn eine bewußte Absicht nachweislich wirkt, beruht doch die Verwirklichung ihres Zweckes immer darauf, daß jeder Punkt desselben zugleich das unvermeidlich und unabsichtlich notwendige Ergebnis aus dem Zusammenwirken der aufgebotenen Mittel ist. Der Zweck würde gar nicht möglich sein, wenn er nach den Gesetzen des Mechanismus, dem diese Mittel folgen, unmöglich wäre, und er würde nicht wirklich sein, wenn er nicht nach diesen Gesetzen in dem Augenblick, wo jene Mittel angewandt werden, auch notwendig wäre.

Ferner aber: daß die Mittel selbst nun in die Stellungen zusammengeraten sind, in denen sie den Zweck notwendig verwirklichen müssen, das wenigstens, meint man dann, sei ohne eine leitende Absicht unmöglich. Aber wiederum: auch wo diese Absicht wirklich vorhanden ist, kann sie die benutzbaren Mittel in jene nützlichen Stellungen nicht durch ihr bloßes Wollen, sondern wieder nur durch Aufgebot physischer Mittel und Kräfte ähnlicher Art bringen. In jedem Augenblick einer solchen Zweckvollendung muß daher der erreichte Zustand als das notwendige Resultat des Zusammenwirkens der Kräfte im vorigen Augenblick betrachtet werden, und an die Stelle einer Intelligenz, welche den Thatbestand dieses vorigen Augenblicks konstruierte, läßt sich stets eine Kombination anderer, blinder Elemente und Kräfte setzen, die genau denselben Erfolg haben mußte.

Um es kurz zu sagen: unmöglich ist die vollkommen automatische blinde Entstehung auch des zweckmäßigsten Systems niemals, sie ist nur unwahrscheinlich. Und es fragt sich nun, was mit diesem andern Ausdruck gemeint ist.

§ 12.

Setzen wir voraus, daß eine unbestimmte Menge verschiedener Elemente lediglich nach mechanischen Gesetzen auf einander wirken und sich ursprünglich in gegenseitigen Bewegungen befunden haben, die durch keine Absicht geordnet gewesen sind, so würden hieraus unzählige mögliche Folgen entspringen können, unter denen die Bildungen von immanenter Zweckmäßigkeit nur eine sehr geringe Anzahl darstellen und folglich sehr wenig Wahrscheinlichkeit ihres Zustandekommens haben würden. Allein hieraus auf eine zwecksetzende Absicht zurückzuschließen, würde doch nur dann triftig sein, wenn die zweckmäßigen Bildungen in der Welt allein vorkämen und jene anderen, zwecklosen und zweckwidrigen, Folgen weder in der Erfahrung vorhanden wären, noch auch in der Vergangenheit angenommen werden dürften.

Beides ist nicht der Fall. In unserer wirklichen Beobachtung kommen unzählige Fälle der Krankheit und des Verfehlens vernünftiger Lebenszwecke vor, ganz abgesehen von den sehr vielen Thatsachen und Vorgängen die, so weit unsere Einsicht reicht, wenigstens zwecklos sind, auch wenn sie keinen anderen Zweck stören. In der Vergangenheit aber steht es uns frei anzunehmen, daß wirklich zuerst eine unzählige Menge unharmonischer in sich selbst zweckwidriger Gebilde aus dem Gegen-einander-treiben blinder Elemente entstanden sei, daß diese aber sich im Naturlauf gegen die beständigen Angriffe von außen nicht erhalten konnten; daß vielmehr nur die wenigen fortbauerten, die zufällig glücklicher geraten waren; daß diese dann auch mehr und mehr einen bestimmenden Einfluß auf die übrigen ausübten; und daß so nach und nach es dahin gekommen ist, daß die Natur zwar nicht durch und durch vollkommen und zweckmäßig verläuft, daß aber doch nur noch wenige Störungen oder Reibungen zurückgeblieben sind, durch welche die Entfaltung und der Fortbestand der zweckmäßigen Bildungen gefährdet wird. So würde es also nicht undenkbar sein, daß ein **ursprüngliches Chaos** sich selbst zu einer zweckmäßig geordneten Natur fortbildete.

§ 13.

Außerdem braucht man nicht bei den ganz mageren Voraussetzungen zu bleiben, die wir gemacht haben. Wenn man es einmal für denkbar hält, daß eine einzige höchste Intelligenz einen Einfluß auf die gegenseitigen Verhältnisse der Weltelemente ausübe, so kann man sich auch ähnliche Intelligenz unmittelbar in allen diesen einzelnen Elementen **selbst** wirksam vorstellen, und anstatt dieselben bloß von blindwirkenden Kräften regiert zu denken, kann man sie als geistig belebte Wesen vorstellen, die nach **gewissen Zuständen streben und gegen andere sich wehren**. Dann kann man aus der Wechselwirkung dieser Elemente, ungefähr wie aus derjenigen einer menschlichen Gesellschaft, sich die allmähliche Entstehung immer vollkommnerer Verhältnisse vorstellen, ohne dabei zu der Annahme notwendig zu kommen, zu der man hier kommen wollte, nämlich zu der eines **einzigen höchsten** intelligenten Wesens. Man gelangt vielmehr, und zwar in ganz leiblicher Übereinstimmung mit der Erfahrung, zu einer Art von **polytheistischer** oder auch **pantheistischer** Vorstellung.

§ 14.

Hiergegen läßt sich nun immer noch einwenden, daß doch die Beständigkeit die Selbsterhaltungskraft und das Gleichgewicht der glücklicheren Gebilde, die wir oben in dem blinden Verlauf der Natur entstehen ließen, nicht identisch sei mit derjenigen Zweckmäßigkeit, von deren Bewunderung wir im teleologischen Beweise ausgingen. Jenes bloße Gleichgewicht und die daraus entspringende Dauerhaftigkeit könnte auch an sich ganz **zwecklosen** Gebilden, d. h. solchen zukommen, deren ganzes Dasein durchaus keinen **unmit-**

telbaren Wert und keine vernünftige Bedeutung hätte. Dies beides aber meinen wir in den zweckmäßigen Bildungen zu erkennen, von denen wir hier ausgehen.

Hieran ist etwas bleibend Richtiges; aber das, was er beweisen sollte, beweist dieser Gedanke nicht. Sobald wir uns nämlich nur auf die Bewunderung immanenter Zweckmäßigkeit beschränken, so können wir in der That fast nirgends überzeugend nachweisen, daß das Gesamtergebnis, welches durch sie herbeigeführt wird, wirklich etwas absolut Wertvolles ist, das entweder als schlechthiniger Selbstzweck oder als ein solcher Zweck aufgefaßt werden müßte, von dem sich begreifen ließe, daß er nur von einer zwecksetzenden Weisheit hätte erdacht werden können, und daß nur er und nicht auch eines seiner Gegenteile dieser Weisheit würdig gewesen sei.

Wir bewundern beispielsweise die Stabilität des Planetensystems, glauben, daß nur eine 'Vorsehung' unter den unzähligen möglichen Anordnungen der Massen gerade diejenige habe auswählen können, auf der diese Stabilität beruht; aber man kann einwenden, ob denn diese beständige Wiederholung derselben Ereignisse selbstverständlich ein höchster Zweck und ob sie nicht vielmehr langweilig sei, so daß unzählige in Wirklichkeit nicht vorkommende Einrichtungen denkbar gewesen wären, die eine Aufeinanderfolge verschiedener Entwicklungen der Weltkörper, also viel mehr Mannigfaltiges Neues Interessantes begründet hätte. In den Pflanzen stimmt, nachdem sie da sind, alles wie Mittel und Zweck zusammen; aber welchen Wert hat ihr ganzes Dasein? Äußere Zwecke, zu denen sie nützlich sind, werden durch sie erfüllt, könnten aber möglicherweise auf kürzerem Wege erfüllt werden; ihr eigenes Wachsen und Blühen ist für unser Verständnis eine ganz zwecklose Thatsache, in welcher wirklich nichts mehr vorliegt, als jenes durch den mechanischen Naturlauf erzeugbare Gleichgewicht, von dem sich die hier angenommene Zweckmäßigkeit noch ganz wesentlich unterscheiden sollte.

Diese Betrachtung kann man fortsetzen bis auf die Tier- und Menschenwelt: so lange es in der letzteren noch so viele Klagen über unerfüllbare Ideale giebt, wird der Gedanke, daß es vieles denkbare Schöne nicht giebt, immer die Beweiskraft des teleologischen Arguments aufheben.

§ 15.

Ziehen wir unsere Gedanken zusammen, so bleibt nur ein Punkt positiv übrig, nämlich die Überzeugung, daß es in der Welt jedenfalls sehr viel von dem Schönen Großen und Vortrefflichen giebt, von dessen Bewunderung dieser teleologische Beweis ausging, und daß man sich dessen gar nicht dadurch entledigen kann, daß man alle seine Beispiele aus absichtslosen gesetzmäßigen Wechselwirkungen unzähliger Elemente ableitet. Man ändert damit bloß den Ort dieses Wertvollen: man ist nun genötigt, eben von der ursprünglichen Natur der Elemente und von ihren allgemeinen Wirkungsgesetzen zu behaupten, daß eben sie bereits den entwicklungsfähigen Grund dieses Wertvollen in sich einschließen.

Aber ganz verfehlt ist dieser Gedankengang als Beweis für das Dasein Gottes. Jene Intelligenz, die man nicht ganz los werden kann, läßt sich eben so gut als eine an allen Dingen immanent haftende Eigenschaft oder auch, wenn man sie außerhalb der Dinge suchen will, als eine Mehrheit geistiger Wesen oder Dämonen fassen, die sich in die Weltschöpfung und -leitung teilen. Und jede dieser Annahmen ist mit dem unmittelbaren Eindrucke der Erfahrung eigentlich besser in Uebereinstimmung als die schnelle Annahme einer einzigen höchsten Weisheit, aus welcher die thatsächlich uns erscheinenden Unvollkommenheiten der Welt viel schwerer begreiflich sind.

§ 16.

Der teleologische Beweis scheiterte daran, daß er das empirische Datum, von dem er ausgehen wollte, die Zweckmäßigkeit der Welt, nicht sicher und nicht allgemein genug empirisch nachweisen konnte.

Wir versuchen deshalb von einem einfacheren Datum auszugehen, das nicht so zweifelhaft ist und als völlig allgemein zugeſtanden wird. Und wir ſuchen aus ihm nicht gleich das Daſein Gottes, ſondern eine beſcheidenere Folge abzuleiten, die uns als Vorbedingung für jene andere dienen ſoll.

Dies Datum beſteht darin, daß alle Elemente der Welt überhaupt auf einander wirken gleichviel ob zweckmäßig oder verkehrt, daß alſo jedes auf die übrigen Einflüſſe ausübt oder zurückempfängt. Soweit unſere Erfahrung reicht, beſtätigt ſie dieſe Annahme. Der Einwurf dagegen, daß wir das Vergangene wenig, die Zukunft gar nicht kennen, und daß auch in der Gegenwart vielleicht einzelne Elemente mit einander in keiner Wechſelwirkung ſtehen, kann ſie nicht widerlegen. Denn dieſe letztgedachte Gleichgültigkeit zweier Elemente a und b, während jedes einzelne mit vielen übrigen in Wechſelwirkung ſtände, würden wir doch niemals für eine prinziploſe Thatſache, ſondern für die notwendige Folge deſſelben 'Geſetzes' anſehen müſſen, nach welchem a und b jene anderen Wechſelwirkungen ausüben. Und ebenſo wenn in Vergangenheit oder Zukunft dieſe Wirkungen der Elemente gegeneinander andere wären als jetzt, ſo würden wir auch dies nicht als eine bedingungsloſe Thatſache, ſondern als bedingt durch irgend ein konſtantes Geſetz anſehen, welches früher oder ſpäter mit derſelben Konſequenz andere Wirkungen beföhle, mit welcher es jetzt dieſe befiehlt.

Ließe man dies nicht gelten, ſondern behauptete, daß die Weltelemente grundlos bald überhaupt, bald gar nicht, bald ſo, bald anders auf einander wirkten, ſo höbe man die Baſis jeder Unterſuchung auf. Eine ſolche Welt böte gar keine Data, um auch nur auf ein in ihr ſelbſt zu erwartendes Ereignis zu ſchließen, noch weniger, um auf etwas außer ihr zu ſchließen, das als ihr Grund, ihre Urſache, ihr Zweck oder ihr Prinzip in irgend einem Sinne angeſehn werden könnte.

§ 17.

Hieraus folgt nun, daß die einzelnen Elemente, aus denen die Welt beſteht, keineswegs ſein können wie ſie wollen, daß man

also nicht aus realen Wesen, die von Haus aus **ganz beziehungs-
los** gegeneinander sind, einen Weltlauf ableiten kann.

Wären z. B. alle Dinge miteinander so **unvergleichbar** oder
disparat, wie etwa 'rot' und 'süß' (und nichts würde hindern
eine solche Annahme zu machen, wenn jedes reale Wesen vollkommen
selbständig ist und auf alle anderen gar keine Rücksicht zu nehmen
hat), so ist klar, daß unmöglich aus irgend einer Beziehung zwischen
zwei solchen Wesen (falls man sich überhaupt eine solche 'Beziehung'
denken könnte) irgend eine bestimmte Folge mit mehr Recht entspringen könnte als irgend eine andere. Denn damit aus a und b
die Folge m entstehen müsse, während dieselbe Folge m aus a und c
nicht entstehen könnte, dazu ist notwendig, daß zunächst zwischen
b und c nicht eine völlige **Unvergleichlichkeit**, sondern ein bestimmter **Gegensatz** oder ein **Unterschied von bestimmter
Größe** stattfindet, was nicht denkbar ist, ohne daß b und c **ver-
gleichbar** sind.

Die Fortsetzung dieser Überlegungen würde dann zeigen, daß
diese **Vergleichbarkeit** nicht bloß zwischen b und c, sondern zwischen **allen realen Elementen** der Welt bestehen muß dergestalt,
daß sie zwar nicht sämtlich Glieder einer **einzigen** Reihe, wohl
aber Glieder eines **Systems** einander **durchkreuzender** Reihen
sind, und daß man von der Natur jedes einzelnen Elements zu
der Natur jedes anderen durch eine bestimmte Anzahl von Schritten,
die man innerhalb dieses systematischen Netzes machte, müßte gelangen können. Dieses Verhalten liegt als eine stillschweigende Voraussetzung, gerade so als wenn es gar nicht anders sein könnte,
unserer ganzen Weltbetrachtung zu Grunde, und deshalb übersieht
man gewöhnlich die Wichtigkeit dieses wunderbaren Umstandes.

§ 18.

Es würde übereilt sein, hieraus ohne weiteres auf einen **ge-
meinsamen Ursprung** aller dieser Elemente zurückzuschließen.
Denn wenn auch den leeren Möglichkeiten gegenüber, die wir uns

erdenken könnten (z. B. daß alle Elemente so ganz verschieden wären,
wie 'rot' 'süß' 'warm'), diese ihre Vergleichbarkeit als ein einziger
bevorzugter Fall von vielen erscheint, so ist doch hier k e i n e W a h r -
s c h e i n l i c h k e i t s r e c h n u n g anwendbar, nach welcher das bloß thatsächliche Vorhandensein d i e s e s F a l l e s ohne eine g e m e i n s a m e
U r s a c h e a l l e r E l e m e n t e unannehmbar wäre.

Ein anderer Schluß dagegen ist gerechtfertigt. Es r e i c h t n i c h t
h i n , daß die Naturen der Dinge gleichartig sind, ohne daß dieselben
in sonst einem anderen Zusammenhang ständen. Hieraus würde
bloß hervorgehen, welche Folge c aus dem Zusammenkommen zweier
Wesen a und b entspringen müßte, v o r a u s g e s e t z t , daß es ü b e r -
h a u p t e i n e n G r u n d g ä b e , warum i r g e n d e t w a s N e u e s entstehen müßte und es nicht bei a und b und ihrem Zusammensein
lediglich sein Bewenden haben könnte. Oder anders ausgedrückt:
aus den vergleichbaren Naturen a und b folgt höchstens, w a s s i e
hervorbringen oder w i e s i e aufeinander wirken müssen, aber nicht,
d a ß s i e ü b e r h a u p t etwas erzeugen oder aufeinander wirken müssen.

Wenn wir aus zwei Prämissen a und b einen Schluß c ziehen,
so heißt das: in der Einheit unseres denkenden Ich können die beiden Gedanken a und b als Zustände dieses Ich nicht vorkommen,
ohne daß eben um der Natur dieses Einen Subjekts willen sich
an sie der Gedanke c anknüpfte. Würde dagegen der Gedanke a
von der einen Person, b aber von einer andern gedacht, so würde
in keiner von beiden als Folge der Gedanke c entstehen, obgleich c
und nur c allein die notwendige Folge von a und b sein würde,
w e n n sie überhaupt zusammenkämen. Ganz ebenso verhält es sich
mit den Dingen. Daraus, daß das eine a ist und daß das andere b ist, folgt an sich gar kein c, obgleich c die einzige Wirkung
sein würde, die entstehen könnte, w e n n a und b aufeinander wirkten. — Man muß nachsuchen, was in diesem Falle der I d e n -
t i t ä t d e s d e n k e n d e n S u b j e k t s entsprechen würde, durch welche
die Gedanken a und b allein zur Hervorbringung einer Folge
genötigt wurden.

§ 19.

Wir entlehnen der Metaphysik die Überzeugung, daß diese Thatsache der gegenseitigen Einwirkung zweier Dinge a und b so lange **unmöglich** ist, als man sich beide **ganz selbständig und derart voneinander unabhängig** dächte, daß a **auch dann** sein könnte und **das** sein könnte, **was** es ist, wenn b nicht wäre. Es bleibt ein vollkommen unslösbarer Widerspruch, daß a und b sich nacheinander richten (b also in einen Zustand β gerät, sobald a in den Zustand α gerät), wenn a und b einander nichts angehen.

Wir entlehnen ferner der Metaphysik die weitere Überzeugung, daß alle **Mittelglieder**, die man zwischen a und b einschaltet, das 'Übergehen' eines 'Stoffes', eines 'Einflusses', einer 'Kraft' entweder an sich undenkbare Vorstellungen sind, oder doch das Wirken gar nicht erklären, sondern immer dieselbe Frage übrig lassen, wie denn das von a zu b übergegangene x es anfangen könne, in b eine Änderung zu erzeugen, d. h. wie x auf b, oder wie überhaupt ein Ding auf das andere wirken könne.

Endlich entlehnen wir die Überzeugung, daß diese Undenkbarkeit bloß durch die **Negation der Selbständigkeit der einzelnen Dinge** entfernt werden könne: a und b können nicht absolut verschiedene Wesen, sondern nur **Modifikationen eines und desselben Wesens M** sein, welches in ihnen allen, in a, b, c, d ... das wahrhaft Seiende ist und in diesen verschiedenen Dingen zwar verschiedene Formen angenommen hat, dabei aber unteilbar ein und dasselbe einheitliche M bleibt.

Wenn dann in dem Einzeldinge a eine Änderung α eintritt, so ist dieses α eo ipso, **an sich selbst schon** zugleich eine Änderung des M und braucht nicht erst zu einer solchen zu **werden**. Denken wir dann die Natur von M so, daß sie immer sich selbst identisch zu erhalten sucht, so wird M nun einen zweiten Zustand β in sich erzeugen, der als Kompensation zu α hinzutritt und mit diesem zusammen wieder einen Ausdruck der ganzen Natur des M bildet.

Dieses β aber muß in unserer Beobachtung nicht notwendig als eine Änderung des a, sondern kann als eine Änderung des anderen Einzeldinges b erscheinen. Und dies würde dann der Vorgang sein, den wir als ein 'Wirken des a auf b' auffassen.

§ 20.

Zur Erläuterung muß Folgendes hinzugefügt werden:

Was dieses Eine Wesen oder nach gewöhnlichem Ausdruck 'das Absolute' sei, bleibt zunächst völlig unbestimmt. Aus der Thatsache der Wechselwirkung der Einzeldinge folgte nichts als die notwendige Einheit dieses Absoluten. Was es sei, bleibt weiterer Bestimmung überlassen.

Nannten wir ferner die Dinge 'Modifikationen des Absoluten', so ist zuzugeben, daß dieser Ausdruck gar keine Aufklärung über die bestimmte Art der Einheit enthält, die zwischen den Dingen und dem Absoluten stattfindet, oder über die Art der Abhängigkeit, in welcher sie zu jenem stehen. Der Ausdruck hat vielmehr bloß den deutlichen negativen Sinn, die Selbständigkeit der Einzeldinge zu negieren. Mit Ähnlichem müssen wir uns häufig begnügen. Sehr oft sind wir genötigt zur Hinwegräumung eines Widerspruchs oder zur Erklärung eines Vorganges eine Thatsache zu postulieren, von welcher wir (selbst wenn sie noch genauer definiert werden kann als die jetzt von uns angenommene) dennoch niemals sagen können, wie sie bestehen oder zu stande kommen könnte. Läßt sich hierüber noch mehr sagen, so behalten wir dies Späterem vor.

Endlich auch die Elastizität oder 'Selbsterhaltung', die wir dem Absoluten zuschrieben, ist vorläufig nur ein nicht unanschaulicher Ausdruck, dem man verschiedene Bedeutung geben kann: es ist nicht nötig, sich die Reaktionen des Absoluten gegen eingetretene Änderungen bloß mechanisch auf Erhaltung des status quo gerichtet zu denken; man könnte statt dessen auch einen Entwicklungstrieb zum Fortschritt nach einem bestimmten Ziel annehmen, der ebenfalls durch jeden Zustand α, welcher entweder sonst woher oder in der Verfolgung dieser Zweckthätigkeit entstanden wäre, sogleich zur Erzeugung eines weiteren Zustandes β veranlaßt würde, durch den diese zweckmäßige Thätigkeit weiter fortgesetzt würde. Dies ist vorläufig gleichgültig. Gewiß ist nur, daß, wenn es überhaupt eine Wechselwirkung der Einzeldinge geben soll, es dann im Absoluten eine solche konsequente Reizbarkeit geben muß welche, gleichviel ob zur Selbsterhaltung oder zum Fortschritt, durch jedes α genötigt wird eine Folge β hinzu zu erzeugen.

Zweites Kapitel.
Nähere Bestimmungen des Absoluten.

§ 21.

Unsere jetzige Absicht ist nicht die, den Begriff eines 'Absoluten' logisch zu zergliedern und die Bedingungen aufzustellen, unter denen etwas würde für das Absolute zu halten oder anzuerkennen sein. Soweit dies interessant ist, ist es für den Augenblick zu schwierig. Vielmehr versuchen wir jetzt, das mit Namen anzugeben, was durch seine Natur befähigt ist, jene Bedingungen zu erfüllen und zwar so zu erfüllen, daß es als das absolute Prinzip der in der Erfahrung thatsächlich gegebenen Welt anerkannt werden kann. Um nicht zu sehr ins Weite zu schweifen, knüpfen wir an die zwei Gegensätze an, unter die man längst gewohnt ist den Bestand der Wirklichkeit zu verteilen: Materie und Geist.

§ 22.

Die Annahme, das gemeinsame Wesen der Welt sei nur Materie, und zwar nur mit den Eigenschaften ausgestattet, die wir physikalisch jeder Materie zuschreiben, ist wohl von niemand ernstlich gemacht worden.

Sie würde die schwere Aufgabe auf sich nehmen, zu zeigen, wie aus diesen bloßen Eigenschaften der Raumerfüllung Beharrlichkeit Teilbarkeit und Beweglichkeit die ganze übrige Welt, also auch deren geistige Bestandteile selbstverständlich, d. h. als bloße Konsequenzen dieser Eigenschaften und ohne daß man irgend ein anderes Prinzip einmischte, sich entwickeln könnte.

Nun hat man sich in der Psychologie überzeugen müssen, daß die Bewegungszustände, die man allein als solchen Massen zukommende Schicksale betrachten kann, zwar thatsächlich die Veranlassungen sind, nach denen in uns geistige Vorgänge, Empfindungen oder Gefühle, entstehen. Allein auf welche Weise diese Veranlassungen diese ihnen unähnlichen Folgen nach sich ziehen, weiß man nicht bloß empirisch nicht, sondern es läßt sich auch einsehen, daß niemals für uns der Punkt kommen kann, wo es für uns selbstverständlich würde, daß eine wenn auch noch so wunderbar verwickelte Bewegungsweise von Massen nun aufhören müßte, eine solche zu bleiben und genötigt wäre, in einen ganz anderen Vorgang, Empfindung oder Gefühl, sich umzuwandeln. Nach allen Grundsätzen, deren wir uns sonst in der mechanischen Naturbetrachtung bedienen, kann aus Bewegungen allein nie etwas anderes, als eine Übertragung, neue Verteilung, Fortsetzung oder Aufhebung von Bewegungen entspringen. Ein geistiger Effekt kann sich an sie nur mittelbar knüpfen, nämlich dadurch, daß jene physischen Vorgänge auf ein Subjekt wirken, welches in seiner Natur die ihnen selbst mangelnde Fähigkeit zur Erzeugung psychischer Vorgänge besitzt.

Wie hier im Kleinen, so würde auch im Ganzen der Welt ein Prinzip von bloß materieller Natur nicht imstande sein, die Welt der geistigen Vorgänge aus sich zu produzieren.

§ 23.

Verlangt nun jede dieser beiden Ereignisreihen, die geistigen und die physischen Vorgänge, ihren eigentümlichen Realgrund, so ist es doch nicht notwendig, daß diese beiden Gründe an zwei verschiedene Gattungen des Realen verteilt seien, sodaß es Materien gäbe ohne alle geistige Regsamkeit, und Geister ohne alle physische Eigenschaft und Wirksamkeit. Vielmehr kann man zuerst den Gedanken versuchen, es seien thatsächlich in jedem Seienden die beiden Ureigenschaften untrennbar vereinigt, um deren einer willen sich das Seiende als Materie zeigen und geltend machen könne, um deren anderer willen dagegen es ein inneres Leben führe und geistige Zustände in sich entwickle.

Für die Psychologie des Einzelwesens zeigt sich bei näherem Eingehen diese Annahme unfruchtbar. Für die Betrachtung des Weltganzen empfiehlt sie sich anfangs mehr und bildet den Text der begeisterten Schilderungen, mit denen der Pantheismus das rastlose Leben der ewig Einen zugleich körperlichen und geistigen Substanz preist, die in unaufhörlichem Wechsel ihre Einzelgestalten bildet und wieder in sich versinken läßt.

Die bestimmteren Formulierungen dieser Gedanken, bei Spinoza und Schelling, erwecken dagegen Bedenken. Wenn jener [Spinoza] dem Absoluten unzählige miteinander unvergleichbare Arten seines Thuns und Wirkens ('Attribute') zuschreibt, von denen uns Menschen freilich nur zwei, Denken und Ausdehnung (cogitatio und extensio), bekannt seien, so beseitigt jene Vielheit wenigstens für die Einbildungskraft einigermaßen die Schwierigkeit, die in dem sonderbaren Verhalten liegt, daß gerade zwei auf einander nicht zurückführbare Attribute das Wesen alles Seienden bilden sollen. Für diese beiden aber noch eine 'höhere gemeinsame Wurzel' zu finden, aus der beide nur wie Konsequenzen hervorgingen, nicht aber sie selbst ausmachten [Schelling], ist eine Aufgabe, die alle menschliche Fassungskraft übersteigt. Es läßt sich wohl der Name eines solchen 'ersten Absoluten' bilden, das noch weder real noch ideal sei, wohl aber der Grund zu beiden. Allein es läßt sich in der ganzen Welt nichts finden, wovon man sagen könnte, es komme ihm um seiner Natur willen zu, für jene gemeinsame Wurzel gehalten zu werden.

Da man also den Stachel dieses Dualismus nicht los werden kann, eine blindwirkende bloß reale Substanz aber zur Erklärung der Welt nicht ausreicht, so liegt hierin eine der Triebfedern, die zu dem entgegengesetzten Versuch, zu dem reinen Spiritualismus führen, welcher als wahrhaft seiend nur den Geist, alles andere als dessen Produkt zu fassen unternimmt.

§ 24.

In ihrer weiteren Ausführung pflegen diese Ansichten mit Vorliebe das geistige Element des Absoluten wieder etwas abzuschwächen. Sie geben es gewöhnlich für eine 'an sich unbewußte Vernunft' aus, die nur in einzelnen Höhepunkten, den einzelnen geistigen Wesen, sich zum Bewußtsein steigere.

Diese Vorstellungsweise erscheint nicht zulässig. Ein Recht, von der Vernunft, die wir zuerst immer bloß als bewußte empirisch kennen lernen, dies Prädikat abzustreifen und dann zu glauben, daß noch etwas Verständliches übrig bleibe, haben wir nicht. Es läßt sich vielmehr mit dem Ausdruck einer in der Welt unbewußt wirkenden Vernunft nur ein bestimmter Gedanke verbinden, nämlich der, daß in der Welt blinde Kräfte wirken, die ganz und gar nicht Vernunft sind, thatsächlich aber so wirken, daß ihre Erfolge dieselben sind, welche eine in der Welt wirkende Vernunft hätte wünschen müssen.

Dabei tritt nebenher der Übelstand ein, daß dieser Satz sich in Bezug auf keine Art von Naturwirkung beweisen läßt. Denn dazu wäre der Nachweis nötig, daß ihre Erfolge die absoluten Zwecke erfüllten, welche die Vernunft sich nicht bloß hätte stellen können, sondern als die höchstberechtigten hätte stellen müssen. Taxieren wir dagegen das, was in der Natur wirklich geleistet wird, in seinem Werte geringer und nehmen an, daß es noch Besseres geben könnte aber nicht giebt, so würden wir ebenso berechtigt sein von einer in der Welt blind wirkenden Unvernunft zu sprechen.

Davon abgesehen aber ist nach dem Vorigen klar, daß aus solchen Kräften niemals eine bewußte Vernunft als ein End-

produkt entstehen könnte; es würde vielmehr bei der Bewußt-
losigkeit in der ganzen Welt sein Bewenden haben.

Mit Unrecht beruft man sich auf die Analogie unseres eigenen
Geistes, der viele seiner vernünftigen Werke, z. B. solche der Kunst,
ohne bewußte Absicht instinktartig hervorbringe. Solche Thä-
tigkeiten geben wir zu, aber wir kennen sie durchaus bloß in Geistern,
deren Natur das Bewußtsein ist; und sie erscheinen hier als
Neben- oder Nachwirkungen von Erregungen und Zuständen, die
ursprünglich nur im Bewußtsein möglich waren, aber durch
gegenseitige Hemmung zeitweilig aus dem Bewußtsein verschwinden.
Wie dagegen etwas Ähnliches in einem Subjekt vorkommen könnte,
in dessen Natur ein Bewußtsein niemals vorangegangen war, ist
nicht im mindesten zu begreifen.

§ 25.

Im Zusammenhang hiermit liebt es diese Ansicht von einem
unpersönlichen Geiste zu sprechen.

Auch dies ist viel leichter zu sagen, als dabei sich etwas vorzustellen. Es ist ganz richtig, daß wir in unserem eigenen geistigen
Leben mancherlei Zustände erfahren, in denen uns jede Aufmerksamkeit auf unser eigenes Selbst und jede Entgegensetzung desselben
zu einer Außenwelt völlig abhanden kommt und wir uns so in den
Inhalt einer Empfindung, einer Vorstellung, eines Gefühls oder
einer Strebung verlieren, daß wir (so zu sagen) nur noch dieser
gleichsam sich selbst auffassende Inhalt, nicht aber ein Subjekt sind,
welches ihn als Gegenstand seines Bewußtseins hätte und von sich
selbst unterschiede.

Allein es ist ebenso gewiß, daß wir diese Zustände nur als
Vorkommnisse in einem sonst persönlichen Geiste kennen. Sie
beweisen bloß, daß dem persönlichen Geiste es nicht notwendig
ist, in jedem Augenblick sich selbst als verschieden von dem Inhalte zu denken, der gerade sein Bewußtsein ausfüllt. Aber sie
können nicht beweisen, daß Ähnliches auch ohne die Persönlichkeit

möglich sei, die hier zwar sich selbst nicht vorstellt, thatsächlich aber doch die **Bedingung der Möglichkeit** eines solchen **Sich-selbst-vergessens** bleibt. Denn alle jene Empfindungen Vorstellungen oder Gefühle, in die wir uns so verlieren, sind doch eben immer nur denkbar als **Zustände** eines bestimmten, mit sich identischen und abgeschlossenen geistigen **Subjektes**; und es würde nicht die geringste Aufeinanderfolge und gar kein gesetzlicher Zusammenhang zwischen diesen verschiedenen geistigen Zuständen möglich sein, wenn nicht die **persönliche Einheit des Geistes**, die in ihnen gar nicht zum Vorschein kommt, gleichwohl der reale Grund wäre, der den einen derselben mit dem anderen verknüpft.

§ 26.

Man führt ferner zur Unterstützung jener Ansicht an, daß auch die 'Persönlichkeit', die wir kennen, nämlich die der menschlichen Seele, erst im Laufe ihrer Entwicklung **entstehe**. Ursprünglich gegeben seien nur allgemeine geistige Fähigkeiten, welche durch günstige Umstände so zur Äußerung angeregt werden, daß aus der Kombination dieser Äußerungen auch eine Reflexion auf sich selbst und ein Selbstbewußtsein entstehen könne.

Ebenso sei das Absolute anfangs **unpersönlicher Geist**. Dann teilen sich die Ansichten: die eine läßt das Absolute ebenso wie den endlichen Geist zu eigener Persönlichkeit gelangen, die andere läßt es selber immer unpersönlich bleiben und nur in einzelnen seiner Produkte, den endlichen Geistern, persönliche Form annehmen.

Die erste Ansicht ist eine für jetzt nutzlose Kuriosität. Für uns würde **religiös** bloß von Wert sein, daß das Absolute am Schluß seiner Entwicklung die Persönlichkeit **erlangt hat**. Dagegen eine Erzählung über die Art, wie dies Resultat erreicht sei, wird von keinem religiösen Bedürfnis, sondern höchstens von einer spekulativen Neugier verlangt.

Die andere Ansicht würde behaupten müssen, das an sich **unbewußte** und **unpersönliche Absolute** bringe in seiner blinden Entwicklung selbst die günstigen Bedingungen hervor, unter denen seine eigenen Produkte, die endlichen Geister, die ihm selbst versagte Persönlichkeit entwickelten — gleichfalls eine Meinung, die keinem religiösen Bedürfnis und am wenigsten der Notwendigkeit entspricht, nicht bloß den äußeren Weltlauf, sondern auch die sittliche Weltordnung und die Thatsache, daß es für uns verpflichtende Ideale des Guten und Heiligen giebt, aus einem einzigen realen Prinzip begreiflich zu machen.

Man sieht hierdurch ein, daß sehr starke Motive den religiösen Geist zuletzt geradezu zu dem Begriffe eines persönlichen Gottes trieben und ihn vor den vielen auch in diesem Begriff liegenden Schwierigkeiten nicht zurückschrecken ließen.

Drittes Kapitel.
Die metaphysischen Eigenschaften Gottes.

§ 27.

Wir verlassen den vorigen Gedankengang und betrachten nun den Begriff Gottes so, wie er auf Grund der im vorigen Kapitel geschilderten Antriebe durch eine lange geistige Arbeit der Jahrhunderte, im wesentlichen übereinstimmend, in den monotheistischen Religionen ausgebildet vorliegt; und zwar zunächst die formalen oder metaphysischen Bestimmungen.

Daß Gott nur Einer sei, also der Polytheismus ausgeschlossen, erwähnen wir bloß. Viele Götter würden, wenn jeder in seiner Welt für sich lebte, ein nutzloser und abenteuerlicher Gedanke sein; begegneten sie sich aber mit ihrer Wirksamkeit in einer und derselben Welt, so würden sie notwendig endliche Wesen sein, die nach irgend welchen ihnen übergeordneten Gesetzen auf einander wirkten und von einander litten.

In diesem numerischen Sinn versteht das religiöse Gemüt die 'Einheit Gottes' nicht. Es will nicht, daß Gott faktisch nur einer sei, während es denkbarerweise außer ihm noch andere seinesgleichen geben könnte; es meint vielmehr, daß Gott einzig sei, d. h. daß es keinen übergeordneten Allgemeinbegriff eines Gottes dergestalt gebe, daß aus diesem alle die Prädikate, die der wirkliche Gott als Beispiel dieses Gattungsbegriffs hätte, ganz ebenso bedingt und vorgezeichnet flössen wie für jedes endliche Geschöpf, aus dessen Gattungsbegriff der Spielraum fließt, in welchem sich seine Eigenschaften und deren gegenseitige Verknüpfung bewegen können.

Diese absolute Selbständigkeit des höchsten Prinzips, dem man in keiner Weise ein noch höheres überordnen dürfe, dessen Wirkung oder auch nur dessen Beispiel es wäre, wird uns später in den verschiedenen Folgerungen, die daraus zu ziehen sind, als eine der wichtigsten formellen Bestimmungen erscheinen.

§ 28.

Ein zweites formales Prädikat, das der Unveränderlichkeit, meint das religiöse Gefühl nicht so wie es diesem Namen nach scheint.

Vollkommen unveränderliche Substanzen würden zwar auch für die Naturerklärung philosophisch unbrauchbare Annahmen sein, aber doch, wenn man gewisse Prinzipienfragen vermeiden will, sich für die Zwischenerklärung der Vorgänge auseinander immer noch verwenden lassen. Ein Gott dagegen, der ohne veränderliche innere Zustände immer mit sich vollkommen identisch wäre, würde keinem religiösen Bedürfnis entsprechen.

Man braucht, kurz gesagt, einen lebendigen Gott, und meint daher mit seiner 'Unveränderlichkeit' nichts weiter als die Konsequenz, mit der alle diese inneren Zustände aus einer sich gleich bleibenden Natur hervorgehen; und man ist hierin in Übereinstimmung auch mit der Metaphysik, die von der Natur aller Substanzen, auch der endlichen, nur diese konsequente Abgeschlossenheit der Formenreihe verlangt, innerhalb deren sich jedes Wesen bewegt, nicht aber die Monotonie und Starrheit eines völligen Sich-selbst-gleich-bleibens.

§ 29.

Ein drittes formales Prädikat, die **Allgegenwart**, scheint nur auf den ersten Blick Gott eine Eigenschaft der Räumlichkeit zuzuschreiben, die wir sonst bloß der Materie beilegen. Der **religiöse Sinn** dieses Ausdrucks bedeutet eher das Gegenteil.

Von **endlichen** Dingen wissen wir, daß sie entweder nur in räumlicher Berührung, also da wo sie sind, unmittelbar, dagegen in der Entfernung nur mittelbar (durch Fortpflanzung ihrer Erstwirkung auf zwischenliegende Elemente) aufeinander wirken, oder daß, wenn wir ihnen eine unmittelbare Fernwirkung zugestehen, diese wenigstens ein Maximum in der größten Nähe hat und mit der Entfernung abnimmt.

Beide Beschränkungen sollen von Gott **nicht** gelten. Wenn er auf irgend ein Element der Welt einwirken will, so soll seine Wirksamkeit nicht irgend einen, langen oder kurzen, Weg bis zu dem Punkte zurückzulegen haben, wo dieses Element sich befindet. Umgekehrt wenn ein Element der Welt, z. B. ein endlicher Geist mit seinem Gebet, auf Gott wirken will, so hat es keinen Weg nötig, um Gott aufzusuchen, als hätte dieser einen bestimmten Sitz im Raume. Überall vielmehr ist die Wirksamkeit Gottes gleich unmittelbar und vollkommen unabgestuft vorhanden.

Dies allein meint die 'Allgegenwart'. Dagegen hat nie jemand Interesse daran gehabt, Gott selbst als eine seiner Eigenschaften **positiv** das Prädikat einer unendlich großen Raumausdehnung zuzuschreiben. Ganz im Gegenteil hat man nur die **Absicht gehabt, für ihn in jeder Hinsicht die bedingende Macht zu negieren**, welche die Raumbestimmung auf die Wechselwirkung endlicher Wesen ausübt.

§ 30.

Das Prädikat der **Allmacht** setzt offenbar voraus, daß **Begriffe der Thätigkeit**, entweder bloß umformender oder schöpfe-

rischer, auf Gott Anwendung finden; und unter dieser Voraussetzung
sucht man dann allerdings die Macht Gottes über alle Schranken
zu erhöhen, kommt aber in der gewöhnlichen Auffassung dieser Eigenschaft damit nicht zustande.

Die einfachste Interpretation, daß 'Gott alles Mögliche könne',
befriedigt das religiöse Gefühl nicht: so käme nur die relativ größte
der endlichen Kräfte zustande, welche sämtlich gewisse von ihnen
unabhängig feststehenden Grenzen des 'Möglichen' anerkennen müssen;
und Gott würde also einem auch ihm vorangehenden Gesetzkreise
unterworfen sein, der ihm den Spielraum seiner Macht bestimmte.

Die andere Auslegung, 'Gott könne auch das Unmögliche
möglich und wirklich machen', drückt ohne Zweifel die wahre Herzensmeinung des religiösen Gefühls aus, erscheint aber in dieser
Formulierung widersinnig und undenkbar. Denn alle Ordnung,
alle Konsequenz und aller Zusammenhang der Welt scheint darauf
zu beruhen, daß die Grenzen zwischen Möglichem und Unmöglichem
absolut unverrückbar sind. Kann einmal das an sich Unmögliche
durch irgend eine Macht möglich gemacht werden, so fällt jedes sichere
Fundament für irgend einen in Bezug auf den Weltzusammenhang
zu machenden Schluß hinweg.

Allein auch diese letzte Auslegung thut dasselbe, was sie an der
ersten tadelt: sie nimmt an, unabhängig von Gott gebe es bereits diesen Unterschied des Unmöglichen vom Möglichen;
beides finde Gott durch eine von ihm unabhängige Wahrheit bereits festgestellt und gültig vor, und nur praktisch komme ihm
dann die Fähigkeit zu, etwas, was dem an sich gültigen Begriffe
des Unmöglichen untergeordnet ist, dem Gebiete dieses Begriffes zu
entziehen und dem des Möglichen einzuordnen.

Dies ist weder überhaupt ein gesunder Gedanke, noch ist eine
solche Allmacht wirklich unbeschränkt. Vielmehr müßte es darauf
ankommen, Gott so aufzufassen, daß er selbst erst der Grund
davon ist, daß in der Wirklichkeit der Gegensatz des Möglichen und
des Unmöglichen eine Bedeutung überhaupt hat.

Diesen hier schwer zu definierenden Gedanken werden wir später weiter verfolgen. Zunächst wird das, was an ihm von religiösem Werte ist, sich wirklich am einfachsten in der nicht ganz korrekten Form, daß Gott auch das Unmögliche könne, ausdrücken lassen. Sie sagt wenigstens das eine klar, daß der Begriff des Unmöglichen keine Schranke für Gott ist.

§ 31.

Das Prädikat der zeitlichen Ewigkeit beruht auf verschiedenen Motiven. Zuerst begreiflich auf dem Bedürfnis das, was unsere Stütze und unser Trost sein soll, als zu keiner Zeit hinfällig ansehen zu können. Dann aber, abgesehen von jedem Bedürfnis, imponiert uns ästhetisch die ewige Dauer durch eine Erhabenheit, die des absoluten Prinzips würdig ist.

Aber dieser Eindruck beruht doch selbst nicht darauf, daß wir in der bloßen Ausfüllung der unendlichen Zeit einen Wert oder ein Verdienst sähen. Geradeso wie wir auch die 'Allgegenwart' nicht als positive Raumgröße, sondern nur als Negation aller hemmenden Bedeutungen des Raumes für Gottes Wirken faßten, ebenso bedeutet die 'unendliche Dauer' nur die völlige Unabhängigkeit von allen in der Zeit wechselnden Bedingungen, durch welche für die endlichen Wesen stets nur eine bestimmte Strecke ihrer möglichen Existenz eingegrenzt wird.

§ 32.

Auch die 'Zeit' soll übrigens wie der 'Raum' nicht so gedacht werden, als sei sie eine irgendwie für sich bestehende Form, und als habe Gott nur die Fähigkeit, sie durch seine Existenz auszufüllen, wie weit sie sich ausdehnen möge. Aber die schwierigen Versuche, die gemacht worden sind, dies Verhältnis anders zu fassen: die Zeit als in Gott oder Gott als überzeitlich zu betrachten, müssen wir vorläufig verschieben und heben dafür einen anderen Punkt hervor.

Gott als völlig unveränderlich die ewige Zeit füllend würde eine für religiöse Interessen unbrauchbare Vorstellung sein. Ist aber Gott lebendig und veränderlich, geschieht irgend etwas in ihm, so ist er zunächst in jedem zweiten Augenblicke ein anderer als in dem vorangehenden ersten, wenn nicht besonders nachgewiesen werden kann, auf welche Weise sich die uns unentbehrliche 'Einheit' seines Wesens durch den Zeitverlauf seiner Veränderungen hindurch forterhält.

Nun entlehnen wir hier der Metaphysik die Überzeugung, daß diese 'Einheit eines Wesens mit sich selbst' zwar voraussetzt, daß alle seine auf einander folgenden Zustände als verschiedene Konsequenzen einer und derselben Natur begreiflich sind und, kurz gesagt, nach einer und derselben Formel zusammenhängen, aber auch zugleich, daß diese Voraussetzung gar nicht hinreicht. Denn wenn auch wir, die denkenden Subjekte, in der Reihe von Zuständen $a, a_1, a_2, a_3 \ldots$ überall die Nachwirkung der ursprünglichen Natur a eines Wesens bemerken und deswegen diese Reihe als die Geschichte eines und desselben Wesens a auffassen, so ist damit noch gar nicht bewiesen, daß dies mehr als eine subjektive Auffassung von unserer Seite sei, d. h. daß die $a, a_1, a_2 \ldots$ nicht verschiedene auf einander folgende Wesen, sondern nur successive Zustände eines und desselben Wesens a seien.

Wenn dies bewiesen werden soll, so kann nur das Wesen a selber es beweisen, und zwar dadurch, daß es selber Das tut, was vorhin bloß wir, die untersuchenden Subjekte, gethan haben: das Wesen a muß sich selber als eine 'Einheit' begreifen, sich als solche der Reihe $a, a_1 \ldots$ als bloßen 'Zuständen' seiner selbst entgegensetzen und diese successiven Zustände durch die Erinnerung zu gleichzeitigen vereinigen können. Einfach gesagt: man kann von einem selbstlosen 'Dinge' gar nicht, sondern nur von einem selbstbewußten 'Geiste' behaupten, daß er im Laufe seiner Geschichte einer und derselbe bleibe, und zwar eben deshalb, weil nur er durch diese That des Selbstbewußtseins jene Einheit verwirklicht. Von einem 'Dinge' dagegen, welches bloß verschiedene Zustände nach einander erleidet, wenn auch in gesetzmäßiger Folge, giebt es gar keine entscheidende Probe, welche bewiese, daß und wodurch es sich von einer Reihenfolge verschiedener und bloß verwandter Dinge unterschiede.

Viertes Kapitel.
Von der Persönlichkeit des Absoluten.

§ 33.

Das paradoxe Resultat der vorigen Überlegungen ist dies: daß, wenn alle Prädikate der 'Unbedingtheit' von dem höchsten Wesen gelten sollen, dann eine Bedingung für diese Gültigkeit geradezu in der Hinzufügung eines letzten formalen Prädikats, des der persönlichen Existenz liegt.

Zu dem Glauben an diese 'Persönlichkeit Gottes' ist das religiöse Gemüt natürlich nicht auf diesem Wege, sondern aus näher liegenden bekannten Motiven gekommen. Gegen diesen Glauben aber hat sich später sehr einmütig die philosophische Betrachtung mit der Behauptung gekehrt: 'Persönlichkeit' sei nur in endlichen Geistern denkbar, und beruhe hier auf Bedingungen, welche keine Bedeutung für das Absolute haben können.

Diese Untersuchungen über Möglichkeit oder Unmöglichkeit der Annahme eines 'persönlichen Gottes' sollen hier in der Kürze wiederholt werden.

§ 34.

In dem Begriff der 'Persönlichkeit' liegen zwei Gedanken, die wir glauben unterscheiden zu müssen.

Zuerst ist keine 'Persönlichkeit' oder, was für den Augenblick damit für identisch gelten kann, kein 'Selbstbewußtsein' denkbar, ohne daß wir dem geistigen Subjekt, dem es zukommen soll, ein Erkenntnisbild oder Vorstellungsbild dessen zuschreiben, was es selbst ist und wodurch es sich von andern unterscheidet. Da diese Erkenntnisbilder ebenso gut wie die, welche wir uns von andern Gegenständen entwerfen, mehr oder minder richtig oder falsch sein können, so ist 'Selbstbewußtsein' keineswegs identisch mit 'adäquater Selbsterkenntnis'. Wir werden vielmehr die verschiedenen Grade seiner Klarheit und Ausbildung eben nach dem Maße der Übereinstimmung seines Inhalts mit der wirklichen Natur des Subjektes messen.

Den Namen des 'Selbstbewußtseins' aber wird die Vorstellung dieses Bildes immer verdienen, solange das Zweite stattfindet, nämlich zugleich der andere Gedanke gedacht wird, daß dieses Bild das Bild unser selbst sei und keineswegs von irgend einem anderen Bilde sich nur so unterscheide wie ein zweiter Gegenstand von einem dritten, daß es vielmehr etwas bedeute, was als 'ich' in einen fundamentalen seinesgleichen nicht habenden Gegensatz zu allem andern zu bringen sei.

Diesen zweiten Vorgang betrachten wir zuerst.

§ 35.

Es ist eine sehr allgemeine Meinung, das 'Selbstbewußtsein' sei ein geistiges Phänomen, welches sich sehr allmählich entwickele und von dem es daher eine Geschichte seiner Entstehung und der dazu notwendigen Bedingungen gebe.

Diese Meinung erkennen wir als richtig an nur in Bezug auf den ersten der oben unterschiedenen Punkte. Nämlich zur Kenntnis der Eigenschaften, aus denen wir jenes Bild zusammensetzen, oder zu dem Inhalt des Bildes, das wir uns von uns selbst machen, kommen wir ohne Zweifel erst durch eine Ansammlung äußerer und innerer Erfahrungen.

Allein in Bezug auf den andern Punkt können wir dieser Meinung nicht beipflichten: es läßt sich nicht selbstverständlich zeigen, wie in dem Verlauf der Entwerfung von mancherlei Vorstellungen einmal notwendig der Augenblick kommen müßte, wo wir genötigt wären, eine von diesen Vorstellungen nicht bloß als Bild eines Gegenstandes zu betrachten, der sich von einem zweiten nur in derselben Weise unterschiede wie dieser von einem dritten, sondern eben als das Bild unseres 'Ich', das in jenem leicht verständlichen, aber schwer weiter zu bezeichnenden absoluten Gegensatz zu allem Nicht-Ich steht.

Man wird finden, daß die scheinbare 'Entstehung' des Selbstbewußtseins-in-diesem-Sinne immer das latente Schon-vorhanden-sein des Wesentlichsten, nämlich eines Selbstgefühls in demselben Sinne voraussetzt.

§ 36.

Keine Rücksicht verdienen die materialistischen Versuche, aus allerhand in sich zurückkehrenden Bewegungen der Gehirnatome Selbstbewußtsein zu erzeugen. Da sie aus 'Bewegungen' überhaupt kein 'Bewußtsein' ableiten können, so kann auch diese Rückkehr der Bewegungen kein 'Selbstbewußtsein' erzeugen.

Allein im ganzen gar nicht besser sind die häufigen philosophischen Behauptungen, 'Persönlichkeit' könne nur durch eine nach außen gehende Thätigkeit des Ich und durch einen Widerstand des Nicht-Ich erzeugt werden, der diese Thätigkeit in ihren Ausgangspunkt 'reflektiere'. Diese Redensarten entsprechen durchaus keinem nachweisbaren wirklichen Vorgang. Eine solche nach außen gehende Thätigkeit des Ich läßt sich nirgends mit Namen aufweisen. Die Analogie, daß sie wie die Strahlen des Lichtes von dem Nicht-Ich zurückgeworfen werde, ist ein ganz und gar unmotiviertes Bild, dem gar kein wirkliches Verhalten untergelegt werden kann. Die Folgerung endlich, durch diese Reflexion werde diese Thätigkeit zum 'Selbstbewußtsein', ist eine bloße Subreption. Denn eigentlich ist dadurch bloß die Rückkehr der Thätigkeit in ihren Anfangspunkt begründet. Daß sie nun diesen Punkt als ihr eigenes Selbst auffassen müßte, also die eigentliche 'Entstehung des Selbstbewußtseins', denkt man sich wie eine bloße Zugabe ohne allen Grund hinzu.

Beachtung würden nur die Versuche verdienen, zu zeigen, wie ursprünglich die Seele bloß anschauliche Vorstellungen produziert, dann aber im Verlauf der Wechselwirkungen dieser ihrer einzelnen Produkte auch Begriffe un anschaulicher Subjekte entwirft, zu denen jene Vorstellungen als Prädikate gehören, daß sie endlich auch dahin gelangt, der Gesamtheit aller ihrer inneren Zustände ein Subjekt hinzuzudenken, und daß sie so das Bewußtsein des 'Ich' als Desjenigen erzeuge, welches 'zugleich Subjekt und Objekt des Vorstellens' sei.

§ 37.

Diesen Versuchen ist zuerst einzuwerfen, daß 'Identität des Vorstellenden und des Vorgestellten' der Allgemeinbegriff jeder Persönlichkeit ist, daß also hierdurch 'Ich' vom 'Du' und 'Er' nicht unterscheidbar wird. Und doch besteht offenbar 'Selbstbewußtsein' oder 'Persönlichkeit' nicht darin, daß wir uns zugleich mit allen andern einem und demselben Allgemeinbegriffe subsumieren, sondern darin, daß wir uns innerhalb dieses Allgemeinbegriffs von allen anderen unterscheiden.

Man könnte nun sagen: 'Ich' bin Subjekt und Objekt meiner Gedanken, 'Du' bist Subjekt und Objekt der deinigen ꝛc. Wenn diese Unterscheidung nicht in einem beständigen Zirkel herumführen soll, so kann man den Unterschied von 'mein' und 'dein', den man bedarf, nicht wieder davon ableiten, daß das 'Meine' dem 'Ich', das 'Deine' dem 'Du' angehört, sondern zwischen beiden muß ein durchaus klarer, unmittelbar gegebener und gar keiner Deduktion bedürftiger Unterschied vorhanden sein.

Dies ist nun wirklich der Fall und beruht darauf, daß wir uns überhaupt keine Seele ausschließlich als bloß vorstellendes Wesen denken können; jede vielmehr ist zugleich fähig, Gefühle der Lust und der Unlust zu erfahren und diese Gefühle mit vorgestelltem Inhalt zu verknüpfen. Einfach dadurch, daß die Vorstellung irgend eines Zustandes mit einem Gefühl von Lust oder Unlust verbunden ist, wird derselbe als unser eigener beglaubigt und gilt nicht mehr bloß für den Zustand irgend eines Wesens.

Drücken wir die Sache durch folgende Antithese einfach aus: Gesetzt, ein höherer Geist besitze so vollkommene Intelligenz, daß er von allen Dingen und von seinem eigenen Wesen eine ganz adäquate 'Erkenntnis' hat, es fehle ihm aber gänzlich an dem Vermögen zu Lust und Unlust, und jeder denkbare Inhalt sei ihm daher so gleichgültig wie jeder andere. Dann wird dieser Geist nicht bloß sich selbst erkennen, sondern auch wissen, daß in diesem Fall das erkennende Subjekt identisch ist mit dem erkannten Gegenstand. Allein er wird zugleich erkennen, daß der Fall dieser Identität **millionenmal** in anderen Wesen **geradeso** vorkommen kann, und er wird gar kein Motiv haben, den einen dieser Fälle, der eben **in ihm selber** vorkommt, für etwas Besonderes zu halten und von jenen anderen zu unterscheiden; er wird also **nicht sich als ein** 'Ich' gegenüber dem Andern als dem 'Nicht-Ich' fassen. — Anderseits ein Tier der niebrigsten Ordnung, das kaum **irgend eine** 'Erkenntnis' seiner selbst, wohl aber Gefühl für Lust und Weh hat, wird sich selbst niemals mit der Außenwelt verwechseln: indem es **Schmerz** fühlt, wird es diesen Zustand als einen ihm allein angehörigen empfinden, und eben dadurch sich selber als ein 'Ich' im Gegensatz zur ganzen Welt fühlen, obgleich es gar nicht anzugeben wüßte, worin eigentlich sein eigenes Wesen bestehe.

§ 38.

Zu demselben Ziele kommen wir auf anderem Wege. Man hört oft: 'Ich' und 'Nicht-Ich' seien zwei **korrelative** Begriffe, von denen keiner überhaupt nur eine Bedeutung habe außerhalb seines Gegensatzes zum andern. Daher könne auch die **Vorstellung** des 'Ich' nur in dem Augenblicke entstehen, wo zugleich die des 'Nicht-Ich' entsteht. Und deswegen sei 'Persönlichkeit' nur für **endliche** Wesen möglich, die durch ein Nicht-Ich beschränkt werden können.

Diese drei Sätze hängen innerlich eigentlich gar nicht zusammen. Den ersten muß man völlig widersinnig nennen: zwei Begriffe, deren jeder nur Sinn hätte als Negation des andern und nichts weiter bedeutete, hätten alle beide keinen Sinn und bekämen auch keinen durch ihre Entgegensetzung. Einer von beiden muß notwendig **unabhängig** bestimmt sein und etwas bedeuten.

Blicken wir auf unseren Fall, so fragt sich: wenn 'Ich' und 'Nicht-Ich' zwei solche Begriffe wären, deren jeder bloß die Negation des anderen enthielte, wodurch würde dann die Seele in dem Momente der gleichzeitigen Entstehung beider veranlaßt werden, sich lieber dem Begriff des 'Ich' als dem des 'Nicht-Ich' unterzuordnen, und was gewinnt sie dabei wenn sie das eine thut und das andere läßt? Darauf ist keine Antwort möglich als eben die, daß **einer von beiden Begriffen etwas unabhängig Bestimmtes bedeutet** und deshalb der Geist ihn auf sich anwendet oder nicht. Die Ausdrücke selbst nun zeigen schon, daß diese **unabhängige Bedeutung** dem allein positiv gefaßten 'Ich' zukommt: was man damit meint, ist unmittelbar klar; was man dagegen mit dem negativen Ausdruck 'Nicht-Ich' meint, ist vorläufig unklar, und man weiß bloß so viel von ihm, daß es das 'Ich' **nicht ist**.

Eben dies aber würde durch jenes unmittelbare **Gefühl geleistet**, durch welches das Ich das Seinige positiv als '**sein**' auffaßt, das Nicht-Seinige dagegen zunächst bloß negierend aus '**sich**' **ausschließt**.

§ 39.

Giebt man dies zu, so läßt sich immer noch sagen: dies '**Gefühl des Ich**', obgleich **an sich** von einem bestimmten **Inhalt**, der nicht erst durch den Gegensatz zum Nicht-Ich **entsteht**, könne doch thatsächlich nicht wirklich **eintreten** außer im Momente einer solchen Entgegensetzung. Farben zu sehen ist auch eine **ursprüngliche Fähigkeit** der Seele und könnte ihr durch keine Ätherwellen verschafft werden, wenn sie sie nicht von selbst besäße; dennoch **sehen** wir Farben bloß, wenn Ätherwellen auf uns wirken. Ebenso **fühlen** wir uns nur als '**Ich**', wenn ein entgegengesetztes Nicht-Ich auf uns wirkt.

Hierüber ist nun zu bemerken, daß man jedenfalls irrig die Möglichkeit der Persönlichkeit an den Gegensatz zu einem realen Nicht-Ich knüpft, durch welches dasjenige Wesen, welches sich dann infolge davon als 'Ich' fühlt, reell beschränkt werde.

Eine solche Wechselwirkung mit einem realen Nicht-Ich, so, daß dies als solches ins Bewußtsein träte und in Gegensatz zu diesem wahrgenommenen Nicht-Ich das Ich gestellt würde, kommt überhaupt nirgends vor: in allen Empfindungen und Wahrnehmungen ist das, was hier infolge einer solchen Einwirkung in's Bewußtsein tritt, immer nur ein innerer eigener Zustand des geistigen Wesens, die Empfindung oder Vorstellung selbst, niemals das Reale, wodurch sie bewirkt wird.

Von diesen inneren Zuständen geht die ganze weitere Entwicklung des geistigen Lebens, also auch die der Persönlichkeit aus. Es reicht zur Begründung der letzteren hin, wenn ein geistiges Wesen sich als 'Ich' im Gegensatz zu seinen eigenen Zuständen, die nur seine 'Zustände' und nicht 'Ich' sind, aufzufassen vermag. Ein Verhältnis zu einem äußeren Realen ist nicht notwendig, und folglich auch 'Persönlichkeit' nicht an die Bedingung der Endlichkeit, nämlich des Beschränktseins durch anderes gleichartiges Reale, gebunden.

§ 40.

Man kann immer noch sagen: wenn auch in einem Gedankenlaufe, der einmal im Gang ist, eben diese Gedankenwelt als das Nicht-Ich dienen kann, im Gegensatz zu welchem der denkende Geist sich als das Ich weiß, so bedürfe doch die erste Anregung jenes Gedankenganges der Einwirkung von außen, die nur durch ein wirkliches die Sinne afficierendes Reales gegeben werden könne. — Allein dieser Einwand überträgt das, was bei uns Menschen thatsächlich stattfindet, mit Unrecht als notwendig auf jede Persönlichkeit.

In allen Versuchen zur physischen Welterklärung ist man zuletzt genötigt, nicht bloß irgend welche realen Elemente, sondern auch Bewegungen derselben als ursprünglich gegeben anzuerkennen; und es hilft weder etwas auch von ihnen noch Ursachen aufzusuchen, die doch nur wieder in Bewegungen bestehen könnten, noch ist es denkbar, aus einem als ursprünglich angenommenen Zustande des Gleichgewichts oder der Ruhe jemals zu Ungleichgewicht oder zu Bewegung zu gelangen.

Nur dasselbe Zugeständnis und nicht mehr verlangen wir in Bezug auf den unendlichen Geist: man soll ihn nicht denken als etwas, was bloß vorstellen könnte, sondern als etwas, was ewig und unabläffig wirklich vorstellt und dem niemals ein solcher Ruhezustand vorangegangen ist, aus dem es durch besondere Einwirkung hätte herausgerissen werden müssen.

§ 41.

Alle weiteren Fragen darüber, wodurch etwa diese ewige Gedankenbewegung bezüglich ihres Inhalts und ihrer Richtung bedingt werde, müssen natürlich unbeantwortet bleiben. Indes kann man, zwar nicht in wissenschaftlich genügender Schärfe, aber doch der Phantasie verständlich, zeigen, warum es sich bei uns Menschen in jener anderen Weise verhält, die wir mit Unrecht auf Gott übertragen wollten.

Bei Gelegenheit der 'Allgegenwart' wurde erwähnt, wie Gott, der das wahrhaft Seiende in allen Dingen ist und sie alle als bloße 'Modifikationen' seines Wesens umfaßt, keiner Vermittlung durch fortgepflanzte Wirkungen bedarf, um von den einzelnen Elementen der Welt und ihren Zuständen zu wissen. Jeder endliche Geist aber hat sein Dasein nur von einem bestimmten Zeitpunkt an und hat in dem Zusammenhang aller Dinge eine bestimmte systematische Stelle, die ihm auch einen beschränkten Ort im Raume anweist.

Hieraus folgt nun, daß die endlichen Geister, die eben sehr vieles außer sich haben, was sie nicht sind, allerdings einer realen Außenwelt und ihrer Einwirkungen bedürftig sind, um zur Entwicklung des ihnen möglichen Gedankenlebens zu gelangen.

Es ist ferner begreiflich, daß endliche Geister, die nicht das Absolute selbst sondern nur Modifikationen oder Bruchstücke desselben sind, zugleich aber ihr Dasein nur durch dasselbe besitzen, stets, wenn sie auf sich reflektieren, einen dunklen Kern in ihrem eigenen Wesen zu finden glauben, nämlich eben diese Macht des Absoluten selbst, die durch sie hindurch wirkt und ihnen ohne ihr eigenes Zuthun die allgemeinen Formen ihres geistigen Wirkens, ihres Empfindens Vorstellens Urteilens ꝛc., vorschreibt und ihnen bloß in engen Grenzen erlaubt, mit dieser Mitgift weiter zu schalten und besondere Zwecke zu verfolgen. Das heißt also: 'Persönlichkeit' ist in ihnen nur sehr unvollkommen ausgebildet. Es bleibt im Ich etwas zurück, was dieses sich selbst nicht erklären kann — eine Thatsache, welche durch den Verlauf der Psychologie bestätigt wird, in der immer zuletzt die Frage wiederkehrt, was wir denn eigentlich seien, und niemals zu völliger Befriedigung beantwortet werden kann.

Endlich läßt sich zwar nicht direkt beweisen, aber doch als probabel annehmen, daß mit dieser 'Endlichkeit' auch die Gesetze des psychischen Mechanismus zusammenhängen, denen unser inneres Leben unterworfen ist. Aus ihnen folgt aber, daß unsere Vorstellungen einander hemmen, daß von ihnen immer nur eine kleine Anzahl im Bewußtsein vorhanden ist, daß die vergessenen zwar nach allgemeinen Regeln, aber nicht immer dem augenblicklichen Bedürfnis entsprechend in die Erinnerung wiederkehren. Und daher kommt es, daß wir uns häufig übereilen, daß wir gewisse Vorstellungsmassen, die eben im Bewußtsein vorhanden sind, einseitig in Handlungen übergehen lassen, die wir später, wenn wir uns gesammelt haben, gar nicht mehr als die unsrigen anerkennen mögen, daß wir endlich vieles ganz vergessen und uns in die Stimmungen Gefühle und Begeisterungen früherer Lebensepochen im zunehmenden Alter gar nicht mehr zurückversetzen können.

Alle diese Hindernisse einer vollendeten 'Persönlichkeit' können wir uns in dem unendlichen Geiste als nicht vorhanden vorstellen, und schließen deshalb mit der Behauptung, die der ge-

wöhnlichen gerade entgegengesetzt ist: **vollkommene Persönlichkeit
ist nur mit dem Begriff eines unendlichen Wesens vereinbar,
den endlichen ist nur eine Annäherung dazu erreichbar.**

Fünftes Kapitel.
Von dem Begriff der Schöpfung.

§ 42.

Die weiteren konkreten Prädikate, hauptsächlich **ethischer Art**,
durch welche wir den noch abstrakten Begriff einer unendlichen Persönlichkeit zu erfüllen haben, versparen wir bis nach der Betrachtung des Verhältnisses dieser Persönlichkeit zur Welt. Und dieses
Verhältnis selbst behandeln wir bequem unter den drei Titeln der
Schöpfung, Erhaltung und Regierung.

In Bezug auf die erste übergehen wir alle antiken und modernen Kosmogonien, welche von dem Hergang des 'Schaffens'
und von der Aufeinanderfolge der einzelnen Schöpfungsakte ein
im allgemeinen unmögliches, im einzelnen nicht mit Sicherheit herzustellendes anschauliches Bild geben wollen. Unsere Absicht ist
nur: zu zeigen, welche **prinzipiellen Vorstellungen** sich über
das Verhältnis Gottes zur Welt fassen lassen, aus welchem die
'Schöpfung' hervorgeht oder in welchem sie besteht oder welches durch
sie hergestellt wird.

Die hier möglichen wesentlich verschiedenen Ansichten teilen wir
in die drei, welche die Welt entweder auf 'konsequente Entwicklung der Natur Gottes' oder auf seinen Willen oder auf
eine Schöpfungsthat zurückzuführen suchen.

§ 43.

Die erste Ansicht liegt in roher, bloß der Phantasie aber nicht
der Spekulation genügender Ausarbeitung in allen **Emanationslehren** alter und neuer Zeit vor. Diese schließen wir aus.

Beachtenswert ist dagegen die Vorstellung von der Welt als einer 'notwendigen unwillkürlichen und unvermeidlichen Entwicklung der Natur Gottes', welche wesentlich auf der Grundlage der modernen naturwissenschaftlichen Ansichten beruht.

Soweit sie einen prinziplos in blinder Willkür schaltenden Gott auszuschließen strebt, hat sie Recht und entspricht darin auch dem religiösen Bedürfnisse. Allein mit der größten Entschiedenheit muß man sich gegen die weitere hieraus fließende Vergötterung des Begriffs der 'Entwicklung' zur Wehre setzen, welchen man jetzt mit so großer Emphase auszusprechen und zu preisen pflegt, als wenn er selbstverständlich mit allem Großen Erhabenen und Heiligen identisch wäre.

Wenn es sich nur um theoretische Erklärung des Weltlaufs handelte, so würde eine solche Auffassung genügen. Aber sie ist religiös ganz unbrauchbar, weil sie konsequent nur zu einem völligen Determinismus führt, nach welchem nicht bloß nach allgemeinen Gesetzen feststeht, was geschehen muß, wenn gewisse Bedingungen eintreten, sondern nach welchen auch der successive Eintritt dieser Bedingungen, also die ganze Geschichte mit allen ihren Einzelheiten vorausbestimmt ist.

In einem solchen mechanischen Kunstwerk giebt es gar keine Stelle für irgend eine 'Freiheit' oder 'Thätigkeit' oder für ein Streben, das etwas hervorbringen soll, was nicht von selbst entsteht. Die religiöse Meinung setzt vielmehr voraus, daß es zwar allgemeine Gesetze giebt, ohne deren Geltung überhaupt gar keine 'Absicht' im stande wäre, durch bestimmte Mittel ein bestimmtes Ziel zu erreichen; zugleich aber, daß es auf dem Grund und Boden dieser Gesetzlichkeit eine freie willkürliche Regsamkeit gebe, welche unter Benutzung und durch Kombination der gegebenen gesetzmäßig wirkenden Elemente auch das hervorbringt, was ohne sie nicht sein würde.

Diese Voraussetzung hat ihre Schwierigkeiten. Allein ehe sie nicht entschieden als unmöglich bewiesen ist, wird das religiöse

Gemüt niemals zu jenem Gedanken einer 'unabsichtlichen unvermeidlichen Entwicklung' der Welt aus der 'Natur' Gottes zurückkehren, sondern auch sie zunächst aus einem 'Willen' Gottes herleiten, ohne den sie nicht gewesen wäre.

§ 44.

Wenn wir von dem 'Willen Gottes' sprechen, denken wir natürlich zuerst an die Analogie unseres eigenen Willens, dürfen aber doch das, was diesem eigen ist, nicht ohne weiteres auf jenen übertragen.

Nun werden uns endlichen Wesen die Zielpunkte, auf die unser Wollen sich richten kann, nach und nach erst durch die Erfahrung gegeben. Daher stellen wir uns unter dem 'Willen' zunächst eine momentan erwachende geistige Thätigkeit vor, welche hauptsächlich auf die Herbeiführung eines noch nicht bestehenden oder auf die Abänderung eines bestehenden Zustandes gerichtet ist. Selbst da, wo wir nichts neues, sondern den status quo 'wollen', werden wir uns dieses Willens wenigstens deutlich bewußt nur dann, wenn irgend etwas diesen von uns 'gewollten' Zustand zu stören droht.

Diese Vorstellungen sind auf den Schöpfungswillen Gottes nicht anwendbar. Obgleich die Phantasie natürlich die Abhängigkeit der Welt von dem Willen Gottes am eindringlichsten so vorstellt, daß sie eine Zeit vorhergehen läßt, in welcher auch dieser Wille Gottes nicht bestand, so hat man doch gar keinen Grund, aus dieser religiös-unschädlichen Anschauung einen philosophischen Lehrsatz zu machen und von einem inneren Leben in Gott zu sprechen, welches, der Zeit nach, dem Entschluß zur Schöpfung und der Ausführung desselben vorangegangen sei. Man würde ohnehin diesen Zeitraum mit nichts anderem anfüllen können, als mit einer täuschenden Entwicklungsgeschichte, in welcher man den bloß systematischen Zusammenhang aller der Gedanken, durch deren Vereinigung wir uns das Wesen Gottes auszubeuten suchen, in eine chronologische Abfolge umdichtete, durch welche erst die Natur Gottes vollständig zu stande gekommen sei.

Dies ist philosophisch irrig und religiös ganz bedeutungslos. Wir bleiben daher bei der Annahme stehen, daß der 'Wille zur Schöpfung' ein durchaus ewiges Prädikat Gottes ist und nicht sowohl eine 'That' desselben als die schlechthinige Abhängigkeit der Welt von seinem Willen, im Gegensatz zu der unwillkürlichen 'Emanation' aus seiner 'Natur', bezeichnen soll.

§ 45.

Mit dieser Behauptung scheint indessen etwas zu verschwinden, was wir für den religiösen Begriff der Schöpfung für notwendig halten. Ein 'Wille' nämlich, der beständig da ist, hat nicht mehr den Charakter einer That. Damit er unterschieden werde von jener unwillkürlichen 'Entwicklung', von der wir ihn unterscheiden wollten, scheint es notwendig, daß zu ihm noch eine That oder Arbeit trete, durch deren Vollziehung das Gewollte eigentlich erst zum vollen Eigentum des Wollenden und zugleich zur Wirklichkeit wird.

Hierin liegt ein unzweifelhaft richtiges religiöses Bedürfnis, aber falsch formuliert im Anschluß an Analogien unseres Wollens und Handelns, die nicht auf Gott übertragbar sind.

Was zuerst die Wirksamkeit unseres Willens betrifft, so weiß man psychologisch, daß unser 'Wollen' niemals etwas anderes kann, als einen bestimmten psychischen Zustand in uns (eine Vorstellung ein Gefühl einen Wunsch) hervorbringen, an welchen, sobald er einmal besteht, eine von unserer Willkür ganz unabhängige und unserer Einsicht sehr wenig zugängliche allgemein gesetzliche Naturordnung eine bestimmte Folge geknüpft hat, die dann entsteht, ohne daß wir den Hergang ihrer Entstehung begreifen oder zu derselben weiter beitragen können.

Nun glauben wir allerdings bei Ausführung unserer körperlichen Bewegungen unmittelbar den Übergang unseres Willens in die Glieder zu fühlen und ihn gewissermaßen bei seiner Arbeit zu beobachten, durch welche er die Wirkung zu stande bringt. Allein man weiß physiologisch, daß wir hier wirklich nur die Veränderungen empfinden, welche der Wille auf ganz unbeobachtbare Weise in den Gliedern bereits **hervorgebracht hat** und von denen nachträglich Gefühle der Ermüdung und Anstrengung in dem Bewußtsein erzeugt werden. Diese Gefühle zeigen uns also nicht, wie wir Bewegungen hervorbringen, sondern nur, wie viel Störung unser Organismus dadurch erfahren hat, daß nach einer uns unbekannten Naturordnung sich jene Bewegungen an unsern Willen geknüpft haben.

Wenn wir daher eine von uns ausgehende Wirkung bloß dann für unsere 'That' anerkennen, wenn wir bei ihrer Vollziehung alle diese Gefühle gehabt haben, so kann man diese Analogie auf Gott **nicht** übertragen. Denn diese scheinbare Thätigkeit des 'Vollbringens' noch über das bloße 'Wollen' hinaus ist in Wahrheit bloß ein Zeugnis für die **Ohnmacht** unseres Willens, der nur dann etwas wirkt, wenn eine höhere Macht mit ihm die Entstehung von Veränderungen in äußeren Objekten verbunden hat.

In diesem Sinn darf man also zu dem 'Schöpfungswillen' Gottes eine besondere 'Schöpfungsthat' nicht noch hinzupostulieren, sondern muß sich begnügen mit dem Gedanken, daß der 'Wille' des höchsten Wesens **ohne Weiteres** die Verwirklichung dessen ist, was er will.

§ 46.

Nun bleibt aber doch ein richtiges religiöses Bedürfnis zurück, welches durch die Forderung einer 'göttlichen Schöpfungsarbeit' nur falsch ausgedrückt war.

Der Wert der Gefühle, die wir erwähnten, besteht nicht darin, daß sie uns den modus agendi unseres Willens zur Anschauung brächten, wohl aber darin, daß sie uns in jedem kleinsten Augenblick eine Kenntnis darüber verschaffen, wie weit die Verwirklichung desselben bereits vorgeschritten ist. Lassen wir z. B. unsern Arm einen weiten Schwung ausführen, so haben wir in jedem kleinsten Zeit-

teilchen eine neue Empfindung, welche uns die Größe der bereits
ausgeführten Weite der Bewegung deutlich macht, und wir sehen also
dem Fortschreiten der an sich unbeobachtbaren Wirkungsweise unseres
Willens vom Anfang bis zum Ende der Bewegung zu. Eben deswegen nun, weil hier unser Bewußtsein immer unmittelbare Fühlung
hat mit dem Produkte des Willens, erscheinen uns diese Bewegungen
recht eigentlich als unsere eigene lebendige 'That'. Der
Stein dagegen, der am Ende jener Armbewegung aus unserer Hand
fliegt, hat zwar faktisch seine Geschwindigkeit durch uns erhalten,
allein von seiner weiteren Bewegung empfinden wir unmittelbar
nichts. Sie selber sowohl als ihre späteren Wirkungen auf andere
Gegenstände erscheinen uns daher zwar als Folgen unserer That,
aber nicht mehr als unsere eigene Thätigkeit selbst.

Dies letztere ist nun das, was man eigentlich aus dem Begriff
des göttlichen 'Schaffens' ausschließen wollte: durch den Willen soll
nicht eine bloße Folge entstehen, in welcher das Bewußtsein des
Wollenden nicht mehr gegenwärtig wäre, sondern der schaffende Wille
soll in jener beständigen Fühlung mit dem Zustande seines Produkts
bleiben, welche uns Menschen nur bei den Bewegungen unseres
eigenen Körpers, aber nicht bei den mittelbar hervorgebrachten der
äußeren Objekte zu teil wird.

Weil nun für uns diese Fühlung physiologisch verbunden ist mit
der Anstrengung und Arbeit, die nur aus unserer endlichen
Natur folgt, so ist man zu der falschen Vorstellung gekommen, sie
sei auch für Gott nur so möglich, und hat deshalb jene besondere
'Schöpfungsarbeit' verlangt.

§ 47.

Die Summe des Vorigen ist die, daß der Begriff der 'Schöpfung'
eigentlich nichts weiter als dies bedeutet, daß die Welt sowohl ihrem
Dasein als ihrem Inhalt nach vollkommen abhängig von dem Willen
Gottes ist, nicht aber eine bloße unwillkürliche 'Entwicklung'
seiner 'Natur', daß sie aber auch nur von dem 'Willen', nicht von
einer besonderen 'Arbeit' Gottes ausgeht, welcher letztere Begriff

immer nur da anwendbar ist, wo ein Wille sich im Streite mit einer von ihm unabhängig vorhandenen Welt zu realisieren sucht; von Gott aber behaupten wir ja, daß er 'die Welt aus nichts geschaffen' habe — ein seltsamer Ausdruck, der eigentlich bloß **negativ** sagen will, es gebe **nichts**, woraus Gott die Welt geschaffen, und der dann wunderlicherweise das Nichts selbst wieder als solchen Stoff erscheinen läßt.

Eine **Beschreibung** des 'Vorgangs der Schöpfung' kann es nun konsequent nicht geben, weil es einen solchen 'Vorgang' nicht giebt, der ja, wenn man sich ihn vorstellen wollte, allemal wieder eine andere Welt und gewisse in ihr bereits übliche Formen des Geschehens voraussetzte.

Was ferner den **Inhalt** der Schöpfung betrifft, so würde er religiös erst dann Gegenstand von Interesse für uns sein, wenn wir zugleich an den **Plan** denken, der in der Welt erfüllt werden soll, wovon bei dem Begriff der 'Regierung' zu sprechen ist.

Sechstes Kapitel.
Von der Erhaltung.

§ 48.

Die 'Erhaltung' der Welt einer besonderen göttlichen Thätigkeit zuzuschreiben, kann als ein überflüssiger Gedanke erscheinen.

In der That geht die gewöhnliche Meinung der **Naturforschung** dahin, die einmal bestehende Welt erhalte sich selbstverständlich durch die Wirksamkeit der in ihr einmal gültigen Gesetze. Höchstens giebt man zu, daß die **Entstehung** der Welt Gegenstand einer Handlung sein könne, die **Fortdauer** der entstandenen dagegen nicht.

Diese Meinung erinnert nur daran, daß eigentlich auch schon in betreff der Schöpfung eine Schwierigkeit vorliegt, die man nur in Bezug auf **diesen** Begriff im gewöhnlichen Nachdenken weniger empfindet. Es fragt sich nämlich, wonach Gott in seinem Willen die Entscheidung über das, was sein oder nicht sein sollte, getroffen habe.

Die nächstliegende Antwort, daß er 'nur das an sich selbst Mögliche', sowie die andere, daß er 'unter vielen möglichen Welten die beste' zur Wirklichkeit berufen habe, enthalten beide den Gedanken, daß darüber, was 'gut' oder 'nicht gut', 'möglich' oder 'nicht möglich' sei, bereits unabhängig von dem Willen Gottes entschieden gewesen sei, daß also ihm, dem höchsten Prinzip, doch noch ein gewisses 'Reich ewiger Wahrheiten' als noch höheres Prinzip vorangehe, dem er nun mit seiner Thätigkeit sich unterzuordnen genötigt sei.

Diese seltsame Vorstellung wird unmittelbar dadurch nicht verbessert, daß wir mit einer häufig gemachten Unterscheidung jene 'ewigen Wahrheiten' nur als den 'Inhalt des Verstandes Gottes' bezeichnen, nicht aber als eine ihm fremde Notwendigkeit, die ihm äußerlich gegenüberstehe. Wenigstens so lange wird keine Verbesserung erreicht, als wir dabei an unser eigenes geistiges Leben denken, in welchem allerdings alle diese allgemeinen Wahrheiten als etwas von einer höheren Macht Herrührendes und mit unserer Persönlichkeit nicht Zusammenhängendes, jedenfalls nicht aus ihr Ableitbares erscheinen.

Über diese Schwierigkeiten müssen wir folgende weitläufigere Überlegung anstellen.

§ 49.

Als von der Möglichkeit der Wechselwirkungen der Weltelemente die Rede war, ist schon bemerkt worden, daß der geläufigen Redensart von der 'Herrschaft allgemeiner Naturgesetze über die Dinge' eigentlich kein ähnliches wirkliches Verhalten entspricht.

Gesetze können nur in doppelter Weise existieren: entweder, in dem Augenblick in welchem sie 'befolgt' werden, als die Thätigkeit der Elemente selbst, die ihnen zu 'folgen' scheinen; oder, in den beobachtenden Geistern welche die Ereignisse vergleichen, als bewußte Regeln der Vorstellungsverknüpfung, durch welche wir (die beobachtenden Geister) im stande sind, in Übereinstimmung mit der Wirklichkeit aus gegebenen Zuständen die darauf folgenden vorherzubestimmen.

Niemals dagegen existieren Gesetze außer, zwischen, neben oder über den Dingen, die ihnen gehorchen sollen. Und wollten wir selbst annehmen, daß ihnen ein gespensterhaftes Dasein von durchaus unvorstellbarer Art zukomme, so würde um so mehr die Frage unbeantwortbar bleiben, wie sie es dann anfingen, um sich von den Elementen, die ihnen ganz fremd wären, Gehorsam zu verschaffen.

Diese erste Vorstellungsweise also muß ganz aufgegeben werden, nach welcher auch Gott eine Summe für sich existierender Wahrheiten 'vorgefunden' hätte.

§ 50.

Die erste Umänderung des Gedankens, so daß die ewigen Wahrheiten nichts anders als 'die eigne Wirkungsweise der Natur und Intelligenz Gottes' wären, fanden wir am Ende des vorletzten Paragraphen unmittelbar nicht ganz genügend.

In uns selbst nämlich finden wir solche Wahrheiten, welche (wie z. B. das Gesetz der Identität, oder die einfachen geometrischen Anschauungen, oder die sittlichen Grundurteile unseres Gewissens) uns allerdings, einzeln genommen, nicht wie etwas unserer Natur Fremdes vorkommen, sondern wie die eigne Verfahrungsweise oder Thätigkeitsform unser selbst. Allein solcher Wahrheiten finden wir in uns eben mehrere, und zwischen ihnen keinen Zusammenhang. Denn sicher folgt daraus, daß wir den Satz der Identität denken müssen, keineswegs, daß wir auch eine Raumanschauung haben oder einen Unterschied zwischen gut und böse machen müssen. Deshalb erscheint uns die Summe dieser Wahrheiten doch wieder als etwas unserm eigenen Wesen Fremdes, aus demselben nicht ableitbar, oder wenigstens in seinem Ursprung daraus nicht erkennbar.

— 55 —

Wäre es in Gott ebenso, so würde es uns scheinen, als fände er die ewigen Wahrheiten zwar nicht als Mächte außer sich, aber als etwas in sich, vor, was er gleichsam auch nur als eine ihm verliehene Begabung ansehen könnte.

Nun können wir freilich positiv niemals beschreiben, auf welche Weise in Gott jene für unsere Einsicht disparaten Wahrheiten unter einander verbunden und als zu einem einzigen Gedanken zusammengehörig empfunden werden. Aber es liegt an sich doch kein Widerspruch in der Annahme, daß dem so sei, und daß nur uns endlichen Wesen, die wir nur Bruchstücke des Ganzen der Wahrheit besitzen können, der innere Zusammenhang entgeht, durch den sie zu einem Ganzen vervollständigt würden.

§ 51.

Auch damit begnügt man sich häufig nicht. Die Annahme, die ewigen Wahrheiten seien der eigne modus agendi des göttlichen Verstandes selbst, hat Vielen immer noch eine Einschränkung seiner Unbedingtheit und Allmacht zu enthalten geschienen. Erst dann wäre man befriedigt, wenn Gott diesen modus agendi nicht hätte, sondern sich ihn selbst erst gäbe. Ja sogar dann würde man vielleicht noch zweifeln, ob nicht in der Auswahl eines solchen modus aus vielen denkbaren und nun ausgeschlossenen doch wieder eine, wenn auch selbstgewählte Beschränkung seiner Unbedingtheit läge.

Man bemerkt indessen bei einiger Überlegung, daß auf diesem Wege der Begriff Gottes jeglichen Inhalt verliert, und daß wir anstatt dasjenige konkrete Wesen zu denken, dem die 'Unbedingtheit' in seinem Verhalten zukommt, den leeren Begriff der Unbedingtheit selbst zum Subjekt oder zum Prinzip der Welt gemacht haben — im Grund ganz derselbe Fehler, den man begeht, wenn man sich mit den abstrakten Ausdrücken des 'Einen', des 'Seienden', des 'Absoluten' ꝛc. begnügt und durch sie das höchste Princip glaubt ausgedrückt zu haben, anstatt Dasjenige namhaft zu machen oder vorzustellen was, weil es durch seine konkrete Natur die angeführten Prädikate besitzt, als das wirkliche Princip der Welt anerkannt zu werden verdient.

Im einzelnen aber lassen sich die hier vorkommenden Miß= verständnisse noch etwas zergliedern.

§ 52.

Wenn man zuerst eine Beschränkung der Allmacht darin sieht, daß auch sie von allem Anfang an einen bestimmten modus agendi verfolgt, so mag man sich zunächst daran erinnern, daß wir ja auch irgend eine endliche 'Macht' oder 'Fähigkeit' niemals als ein Prädikat vorstellen, welches einem Dinge ohne Zusammen= hang mit dessen n übrigen Prädikaten als ein $(n+1)$tes inhärierte, und ebenso wenig als ein 'Können überhaupt', welches noch gar keine Richtung hätte, so daß erst später, durch sekundäre Umstände, bestimmt würde, welche Art der Wirksamkeit und in Bezug auf welche Objekte dieses Können ausüben werde.

Jede 'Macht' oder 'Fähigkeit' ist vielmehr nur als eine ganz bestimmte in Wirklichkeit denkbar. Und der abstrakte Begriff der 'Fähigkeit überhaupt', den wir ebenso legitim bilden können, wie den Begiff der 'Bewegung überhaupt', kann ebenso wenig etwas Wirkliches bedeuten wie dieser letztere, bevor man in diesem eine 'Richtung' und 'Geschwindigkeit' wieder suppliiert hat, von der man bei der Bildung des Allgemeinbegriffs abstrahiert hatte.

Wenn nun dieser Begriff der 'Macht' zu dem der 'Allmacht' gesteigert werden soll, so kann das nicht dadurch geschehen, daß man jede solche Determination wegläßt, durch welche irgend ein modus agendi bestimmt würde, sondern nur so, daß man eben diesen modus als einen so umfassenden vorstellt, daß aus ihm alle wirklichen Fähigkeiten und Mächte, die in der Welt vorkommen, überhaupt erst entspringen. Man würde auf jene Weise nur den Allgemeinbegriff der Macht an die Stelle der höchsten wirk= lichen Macht gesetzt haben.

Außerdem aber kann die Allmacht auch hier nicht als Prädi=

lat neben den übrigen Prädikaten Gottes aufgefaßt werden, sondern sie ist nur ein Ausdruck für die thätige Wirksamkeit eben dieser, also der konkreten Natur Gottes, in der alle Wirklichkeit befaßt ist.

§ 53.

Nun kann man zum letzten Male versucht sein zu fragen: wenn Gottes Allmacht nur so weit reicht als seine Natur, warum hat denn Gott diese bestimmte Natur a und nicht eine andere b oder c? und liegt nicht schon darin wieder eine Beschränkung seines Wesens, daß er nun dies b oder c nicht ist?

Man beruft sich für solche Gedanken auch wohl auf den berühmten Satz 'Omnis determinatio est negatio', wobei man sich oft genug denkt, daß alle Bestimmtheit Beschränkung ist, weil sie das Produkt der Negation unzähliger anderer Möglichkeiten sei.

So verstanden, würde der Satz durchaus falsch sein. Nur dann, wenn ein vollständiges disjunktives Urteil bereits Geltung hat, nach welchem ein Subjekt s entweder a oder b oder c sein muß, kann aus der Negation von b und c die Bejahung von a entspringen. Und auch dann ist diese Negation für uns bloß der Erkenntnisgrund, aus dem wir schließen, s sei a, nicht aber ein Realgrund, um dessen willen s wirklich a ist. Das heißt: nicht die Bestimmtheit, sondern unsere subjektive Gewißheit ihres Vorhandenseins geht aus der Negation der anderen Möglichkeiten hervor.

Sonst aber, im allgemeinen, wird der obige Satz nur bedeuten können: jede Bestimmtheit entsteht nicht aus, sondern ist nebenbei oder folgeweise eine Negation dessen, was von ihr verschieden ist.

Fassen wir den Satz so, so wird der oben angeregte Zweifel fortfallen, eben darin schon, daß etwas, weil es ursprünglich a ist, nun nicht mehr b oder c sein kann, liege doch wieder eine Beschränkung des a. Dieser Gedanke hat einigen Sinn für uns endliche Wesen, denen eine bestimmte Natur α gegeben ist, neben und außer welcher sich die Naturen β und γ anderer Wesen, z. B. anderer Tiergattungen, gleichfalls als Wirklichkeiten vorfinden. Können wir uns dann aus unserer Natur nicht in die uns fremden β und γ hineinversetzen, so erscheint uns diese Unfähigkeit als eine Beschränkung, die uns von dem Genusse eines Gutes abhält, das es wirklich giebt.

Aber diese Analogie ist auf die Natur Gottes nicht übertragbar. Denn eben **diese Natur a ist nicht das Produkt einer noch höheren M**, unter deren Konsequenzen sie sich koordiniert mit den anderen **gleich wirklichen b und c** und zugleich von diesen **ausgeschlossen vorfände**. Sondern **außer diesem a existiert nichts**, vielmehr fließt **aus a** erst die **gesamte Wirklichkeit**, und zwar dergestalt, daß um der konkreten Natur von a willen sich in dieser Wirklichkeit auch denkende Geister vorfinden, welche a von einem niemals vorhandenen, denkbaren non-a unterscheiden und sich nun die wunderbare Frage aufwerfen können, warum alle Welt den Charakter dieses a trage und nicht den anderen eines non-a.

Diese merkwürdige Fähigkeit, in Gedanken das Wirkliche zu negieren, welche Fähigkeit selbst nur aus den auf Grund jenes a in der Wirklichkeit gültigen Gesetzen entspringt, verleitet uns nun zu dieser sonderbaren und ganz unausdenkbaren Vorstellung: ehe denn Gott und die Welt war, habe es bereits eine Anzahl koordinierter **möglicher künftiger Götter** und Welten gegeben, und es sei eine Wahl zwischen diesen möglich und notwendig gewesen, durch welche der Gesamtcharakter a des **wirklichen Gottes** und der **wirklichen Welt** festgestellt worden, hierdurch aber zugleich eine Beschränktheit beider herbeigeführt sei, weil sie nun b und c nicht mehr sein konnten.

§ 54.

Man kommt auf dasselbe Resultat, wenn man einen der beiden Sätze durchzudenken versucht, 'Gott habe die **Wahrheit nur anerkannt**', oder: 'er habe sie **geschaffen**'.

'Anerkennen' lassen sich willkürliche Satzungen insofern,

als man sein Handeln willig oder widerwillig ihnen anbequemt. Aber als Wahrheit können wir im Denken nur das 'anerkennen', was mit den Gesetzen dieses Denkens, mit seinem modus agendi übereinstimmt. Und so würde auch Gott eine vorgefundene 'Wahrheit' als solche nur haben 'anerkennen' können, weil sie an sich schon die Natur seines eigenen Denkens gewesen wäre.

'Machen' ferner lassen sich allerhand Satzungen, für die man praktischen Gehorsam erzwingen kann; aber etwas 'machen', das, nachdem es fertig ist, eine Wahrheit bildete, ist nur möglich, wenn die erzeugende Kraft selbst als Regeln ihres Thuns an sich schon dieselben Bedingungen erfüllt, die der mit ihr verbundenen Intelligenz eben die Bedingungen der Wahrheit sind.

Auf beiden Wegen kommen wir also zurück zu dem Satze, daß die ewigen Wahrheiten weder vorausgehende Normen, noch nachfolgende Produkte der göttlichen Thätigkeit, sondern nichts als die thatsächliche Form dieser Wirksamkeit selbst sind, und daß sie in dem besonderen Sinne des Wortes 'Wahrheit' als Gebote, denen etwas Noch-nicht-seiendes zu genügen hat, nur in unserer subjektiven Überlegung auftreten, wenn wir Künftiges mit Gegenwärtigem in Verbindung zu setzen suchen.

§ 55.

Diese Betrachtungen hängen mit dem Begriff der 'Erhaltung' der Welt nun folgendermaßen zusammen.

Die gewöhnliche Naturansicht der modernen Zeit behauptet entweder: Gott habe zwar anfangs die Welt geschaffen, die geschaffene aber sich selbst und der Weiterentwicklung der allgemeinen Gesetze überlassen, die er in ihr gestiftet. Oder im anderen Falle, da man den Akt der Schöpfung doch niemals anschaulich machen kann, so läßt man ihn ganz weg und behauptet einfach, die uns fertig vorliegende Welt erhalte sich selbst durch die beständige Gültigkeit ihrer allgemeinen Gesetze und bedürfe einer göttlichen Unterstützung nicht.

Dem gegenüber ist religiös der Satz gehört worden: die 'Erhaltung' sei beständige 'Neuschöpfung'.

Dies kann begreiflich nicht heißen wollen, die Welt des nächsten Augenblicks sei ihrem Inhalt nach der des vorigen ganz fremd und neu. Vielmehr gilt natürlich die Voraussetzung, in der göttlichen Thätigkeit sei Einheit und Zusammenhang und deswegen auch die Schöpfungsthat des nächsten Augenblicks eine Konsequenz von der des vorigen. Wohl aber soll durch jenen Satz geleugnet werden, daß die Welt des einen Augenblicks durch sich selbst und ihre allgemeinen Gesetze sich in den nächsten Augenblick fortsetze.

Eben deshalb wird es für alle Specialuntersuchungen über den Zusammenhang der Naturvorgänge überflüssig sein, auf die 'Mitwirkung Gottes' zurückzukommen, und es reicht hin, von der 'konsequenten Naturordnung' zu sprechen, die er gestiftet hat. Aber im ganzen muß man sich doch entschieden gegen die Ansicht wehren, die von einer wirklichen 'Selbständigkeit der Natur' spricht und von hier als von einem sichern Standpunkt aus eine verneinende Kritik gegen die religiösen Anschauungen ausübt.

Man muß vielmehr behaupten: wenn die körperliche 'Substanz' unzerstörbar ist, so ist sie es nicht durch sich selbst oder nach einem Rechtsanspruch ihrer eigenen Natur, sondern weil die göttliche Schöpfungskraft sie in jedem Augenblick kontinuierlich erhält; wenn im Naturlauf immer dieselben 'Kräfte' nach denselben 'Gesetzen' wirken, so geschieht dies nicht, weil diese Kräfte an sich ewig und jene Gesetze an sich wirksam wären, sondern weil es in dem Plane der göttlichen Wirksamkeit liegt, in jedem Augenblick des Weltlaufs diese Anzahl gleichartiger Aktionen als Mittel zur Hervorbringung zusammengesetzterer Erzeugnisse zu verwenden.

Mit Einem Wort: die ganze innerliche Konsequenz der zusammenhängenden 'Naturordnung', auf welche sich die Naturwissenschaften stützen, wird als eine Thatsache zugegeben, aber im ganzen und großen als ein von der göttlichen Macht durch und durch abhängiges System einander bedingender Wirklichkeiten angesehen, so daß also zuletzt doch die Welt sich nicht selbst erhält, sondern von Gott erhalten wird.

Siebentes Kapitel.
Von der Regierung.

§ 56.

Von 'Regierung' kann nur da gesprochen werden, wo es Elemente giebt, die mit einer gewissen Selbständigkeit ihres Verhaltens sich einem vorgezeichneten Plane zu entziehen drohen, den das regierende Prinzip verwirklichen will.

Unsere letzten Überlegungen scheinen daher für die Anwendung dieses Begriffes keinen Platz zu haben. Ja sogar, je mehr sie selbst die Erhaltung der Welt von dem beständigen Willen Gottes abhängig machen, verdunkeln sie selbst den Gedanken, den wir festhalten wollten, nämlich daß die Welt nicht bloße immanente Entwicklung Gottes, sondern ein Produkt seines Willens sei.

Damit dieser Gegensatz etwas bedeute, müßte das Produkt des Willens, nachdem es geschaffen ist, eine gewisse Selbständigkeit besitzen. Oder, um eine bekannte Ausdrucksweise zu gebrauchen, die Welt müßte 'außer' Gott sein und nicht bloß ein Vorgang 'in' ihm.

Man darf nicht bei diesen letztgenannten räumlichen Ausdrücken stehen bleiben, die zu ganz endlosen, völlig leeren Disputationen führen würden, sondern muß sich fragen, worin das reelle Verhalten bestehen müßte, welches man durch sie bildlich bezeichnen zu können glaubt. Und hierauf wird wohl nur zu antworten sein, daß nur dasjenige Reale die offenbar hier gemeinte 'Selbständigkeit' besitzt, welches imstande ist, eigene Zustände zu haben, die unmittelbar nicht Zustände der 'allgemeinen Substanz' sind, und Anfänge zu Vorgängen zu geben, die aus jener Substanz nicht fließen.

Sehen wir uns nun um, wie diese abstrakten Postulate erfüllt werden könnten, so finden wir nur eine Realität, welche sie wirklich erfüllt, nämlich das geistige Leben. Ein Wesen, welches sich selbst als einheitliches Subjekt zu seinen eigenen Zuständen empfindet und diese von den Zuständen anderer Wesen unterscheidet, mag zwar seiner ganzen Existenz nach durchaus nur Produkt des unendlichen Wesens sein. Nachdem es aber einmal ist, scheidet es sich eben durch die Form seiner Existenz, durch dieses sich auf sich selbst beziehende Bewußtsein, als ein eigenes 'Ich' von diesem es reell bedingenden Absoluten aus, das nun ihm gegenüber mit zu dem 'Nicht-Ich' gehört. Und durch diesen Akt oder durch diese Form der Existenz besitzt es jene relative Selbständigkeit, die wir damit bezeichnen, daß es 'außer' Gott sei.

§ 57.

Hieraus würde folgen (was wir jetzt nur nebenbei bemerken), daß wir in unserer ganzen Weltansicht uns vor eine Alternative gestellt finden.

Ist geistiges Leben die einzige Form, in welcher wir uns eine Realität denken können, die nicht bloß Zustand eines anderen Reellen ist, so kann unsere geläufige Vorstellung von einem starren, blinden und leblosen 'Stoffe', der außer uns bawäre, nichts Wirkliches bedeuten.

Wir müssen entweder, idealistisch, annehmen, das, was wir für einen solchen 'Stoff' halten, existiere außerhalb der Geister nicht, sondern es werde bloß die in sich zusammenhängende Erscheinung einer solchen Stoffwelt durch eine allgemeine Macht, die in allen Geistern wirkt, in diesen und nur für sie hervorgebracht (vergl. bes. J. G. Fichte).

Oder aber wir müssen uns entschließen, ganz spiritualistisch zuzugeben, daß jedes Atom dessen, was uns als bloßer 'Stoff' erscheint, doch etwas Besseres sei, nämlich an dem allgemeinsten Charakter des geistigen Lebens teilnehme: irgendwie (in deutlichem Bewußtsein oder in bloßem Gefühl der Lust und Unlust) für sich selbst zu sein und nicht bloß ein Objekt der Betrachtung für andere zu bilden.

Unmöglich würde uns hier nur die gewöhnliche realistische Meinung scheinen, nach welcher ein durchaus selbstloser Stoff gerade so wirklich außer uns vorhanden wäre, wie wir ihn uns gewöhnlich vorzustellen pflegen.

Es ist kein Zweifel, daß jede der beiden obigen Ansichten zu einer ganz konsequenten Weltauffassung ausgebildet werden kann. Allein religiös ist die Wahl zwischen beiden kein notwendiges Erfordernis.

§ 58.

Bestände indessen nichts weiter als eine unbestimmte Anzahl solcher selbständiger erschaffener Wesen, so würde noch immer der Begriff einer 'Weltregierung' ohne Begründung sein. Es bliebe denkbar, daß die Welt in ganz unstörbarer Harmonie sich entwickelte; und die Aufgabe aller Geister bestände nur darin, zuzusehen und sich mit Bewußtsein und Bewunderung dieser Thatsache zu freuen.

Wirklich religiöse Gesinnung ist damit niemals zufrieden gewesen, sondern hat, zunächst sehr unklar aber lebhaft, immer verlangt, es müsse in der Welt auch etwas Neues geschehen, was nicht bloß Konsequenz des Früheren sei, und es müsse in den einzelnen Geistern eben diese Fähigkeit zum Anfang neuer Ereignisreihen, also kurz eine Freiheit des Handelns oder zunächst des Wollens vorhanden sein, durch welche sie sich noch entschiedener als durch ihr bloßes 'Fürsichsein' als relativ selbständige Wesen von der allgemeinen Substanz lostrennten.

Hiermit ist dann die Aufgabe entstanden, die zu dem Begriff einer 'Regierung' führt. Denn nun erst ist die Möglichkeit von Ereignissen gegeben, durch welche die stetige Verwirklichung eines vorherbestimmten 'Weltplanes' unterbrochen werden könnte.

§ 59.

Auch dieses Verlangen nach 'Freiheit' würde keinen religiösen Sinn haben, wenn es bloß formell auf die 'Möglichkeit neuer Anfänge' gerichtet wäre. Denn daß in der Welt etwas Neues geschehe, hat an sich nicht mehr Werth, als daß der ganze Weltlauf eine ununterbrochene konsequente Entwicklung sei, worin, wie wir schon früher erwähnten, an sich auch weiter nichts Anbetungswürdiges liegt.

Allein wir wissen ja, daß wir diese formelle 'Freiheit' nur verlangen, weil wir sie als die conditio sine qua non für die Erfüllung sittlicher Gebote ansehen, deren verpflichtende Majestät wir als die absoluteste keiner Herleitung aus irgend einer andern Quelle bedürftige Gewißheit betrachten.

Diese Überzeugung ist der durchaus fundamentale Punkt, auf welchem aller religiöse Charakter unserer Weltansicht ruht. Und wer sie nicht unmittelbar empfindet und zugiebt, für den sind alle religionsphilosophischen Fragen überhaupt kein Bedürfnis.

§ 60.

Die Vorstellungen von der 'Freiheit' haben keine theoretische Veranlassung, sondern beruhen durchaus auf der Thatsache der Reue und der Selbstverurteilung, in denen man unmittelbar die Versicherung der Möglichkeit zu finden glaubt, daß man auch früher die Wahl hätte treffen können, die man jetzt bereut verfehlt zu haben.

In unklarer Weise ist diese Vorstellung die erste und natürlichste, die, welche in der menschlichen Bildung vorangeht. Erst später hat die wissenschaftliche Naturbetrachtung den Begriff eines 'notwendigen Kausalzusammenhangs' entdeckt und dann über den ganzen Weltlauf ausgedehnt, so daß nun die Vorstellung von der 'Freiheit' als eine befremdliche Ausnahme erscheint und verneint wird. Es wird zugegeben, daß im mechanischen Verlauf der psychischen Entwicklung auch die Ideale des Sittlichen entstehen. Wie viel sie aber Einfluß haben auf unser Handeln, hängt gänzlich von den unwillkürlichen Zuständen und Bewegungen in unserem Innern ab. Durch einen Naturvorgang kann es daher geschehen, daß der Antrieb zu guten Handlungen oder auch der zu bösen in uns überwiegt; und die mechanischen Bedingungen dazu können durch Erziehung und Verziehung verstärkt werden. Aber ein eigentliches 'Handeln', welches von unserem eigenen 'Ich' ausginge, wird es, wenn man konsequent und aufrichtig sein will, nicht mehr geben. Und auch den Anlaß dieser ganzen Überlegung, das Gefühl der Reue, wird man als einen unangenehmen Zustand betrachten, ungefähr einem Krankheitsgefühle gleich, und behaupten, daß der in ihm enthaltene Wunsch, anders gehandelt zu haben, durchaus keine Versicherung darüber gebe, daß dies früher möglich gewesen wäre.

Diesen Ansichten ist theoretisch nicht beizukommen: sie enthalten keinen Widerspruch der Erkenntnis. Wenn man von ihnen abweicht, so kann das nur auf Grund eines unbeweisbaren Glaubens daran geschehen, daß in jener Selbstverurteilung doch unmittelbar die Möglichkeit einer freien Wahl sich offenbart, ohne welche 'das böse Gewissen' und der Schmerz der 'Reue' in einer vernünftigen Weltordnung ganz undeutbare Erscheinungen bleiben würden.

§ 61.

Es kann nur daran gedacht werden, die Einwürfe gegen die Möglichkeit des Freiheitsbegriffes zu widerlegen; nicht daran, seine wirkliche Gültigkeit zu beweisen.

Nun ist zunächst zu erinnern, daß 'Freiheit' und 'Kausalität' nicht absolut streiten, sondern sich mit einander vertragen, die erste nämlich die letzte, diese freilich nicht jene postulieren würde. Denn jeder freie Anfang eines Handelns muß verlangen, daß in der Welt, in die er ein Ereignis a einführen will, alle Dinge fest und gesetzlich zusammenhängen, so daß aus a nur der beabsichtigte Erfolg z und nicht jeder beliebige andere folgen kann. Mithin ist 'Freiheit' nur annehmbar als Einwirkung auf eine kausal geordnete Welt.

Da aber das freie Handeln einer sittlichen Beurteilung unterliegen soll, so muß man hinzufügen, daß auch darüber, was 'gut' oder 'böse' sei, ganz unabhängig vom Willen entschieden sei. Die Freiheit ist also auch nur annehmbar als Wahl zwischen Werten und Unwerten, die für sich feststehen.

Der weitere Einwurf, eine Freiheit so wie wir sie meinen, nämlich in dem verrufenen Sinne einer völlig unbedingten Wahl zwischen a und non-a sei in dem Hergang ihres Thuns unbegreiflich, ist mißverständlich: er führt nicht ein besonderes Hindernis auf, welches positiv den Begriff der Freiheit verböte, sondern leugnet einfach und schlechthin seine Gültigkeit. Denn angenommen, die Freiheit sei, so liegt es in ihrem Begriffe selbst, daß es einen 'begreiflichen' Vorgang ihrer Entscheidung nicht geben kann, weil dies voraussetzen würde, daß die Entscheidung durch eine Reihenfolge einander bedingender Umstände, also nicht 'frei' erfolge.

Nimmt man nun doch an dieser 'Unbegreiflichkeit' Anstoß, so mag man sich erinnern, daß der Vorgang des kausalen Wirkens nicht minder dunkel und die Thatsache, daß etwas etwas Anderes bewirke, ihrem Hergang nach eben so 'unbegreiflich' sein würde.

Fährt man dann fort: jedenfalls sei eine solche Fähigkeit, grundlos und blind zwischen a und non-a zu wählen, eine unvernünftige und keiner Verehrung würdige, so ist zu bedenken, daß wir in der That die 'Freiheit', die sich noch nicht entschieden hat, weder loben noch verehrungswürdig finden. Lob und Tadel verdient nur der 'Wille', der nicht mehr frei ist, sondern sich entschieden hat. Die 'Freiheit' ist bloß die conditio sine qua non für die Möglichkeit dieser späteren Wertbestimmung des bestimmten 'Willens'.

Denn wenn wir auch zugeben mögen, daß wir eben das Wollen selbst loben oder tadeln, nicht aber verlangen, daß dieses Wollen selbst noch einmal gewollt worden sei, so setzen wir dabei doch im Stillen voraus, daß eben das 'Wollen' gleich von Anfang an eine aus 'Freiheit' entsprungene Entscheidung bedeute. Negiert man uns dies und definiert den Willen als eine mechanisch in uns entstandene

Gemütsbewegung, so leugnen wir, daß ihm dann als einem bloßen Naturvorgange überhaupt **ethische** Prädikate zukommen.

Auf der anderen Seite wendet man ein: man solle doch das Gute um des Guten willen, nicht aber ganz grundlos wählen; eine **blinde** Freiheit also würde ebenso wenig zu ethisch beurteilbaren Handlungen führen. Dagegen ist zu bemerken, daß wir nirgends von einem 'blinden' Willen sprechen können, da alles Wollen demselben geistigen Subjekt angehört, welches anderseits zugleich mit Bewußtsein der möglichen Handlungsweisen und ihrer Werte ausgestattet ist. Wählt dieses Subjekt im Besitz dieses Bewußtseins, so ist seine Wahl jedenfalls nicht 'blind'. Aber man hat nicht nötig, die Gegenwart der richtigen Schätzung der möglichen Handlungsweisen im Bewußtsein zugleich als eine bestimmende Einwirkung zu fassen, welche die Richtung des Willens notwendig bedingte.

Eine Schwierigkeit bleibt jedoch zurück. Der Akt des Wollens, wenn auch selbst nicht kausal bedingt, würde doch, wenn ihm irgend ein Erfolg entsprechen soll, einen verändernden Einfluß auf die vorhandenen Gemütszustände haben müssen. Und es fragt sich nun, wodurch die **Intensität** bestimmt wird, mit welcher der 'frei' entstandene Wille entweder die ihm entgegenstrebenden leidenschaftlichen Zustände überwindet oder auch ihnen unterliegt. Es würde eine etwas sophistische Auskunft sein, schlechtweg zu behaupten, nur das Wollen sei frei, aber nicht das Vollbringen, und zwar so, daß nicht nur die Möglichkeit des Vollzugs einer **äußerlichen** gewollten Handlung zweifelhaft wäre, sondern so, daß eben auch die **inneren Gemütszustände** für den Willen eine Art Außenwelt bildeten, in welcher er sich bloß geltend machen könnte, wenn die Zustände derselben ohnehin mit seinen Forderungen übereinstimmen.

In etwas unbestimmter Gestalt kommt dieser Gedanke **religiös** vor: man betet zu Gott, daß er dem guten, aber schwachen Willen Kraft verleihe, schreibt also das Wollen allerdings dem menschlichen Geiste zu und bezweifelt bloß die nötige Macht desselben.

Hierüber ist schwerlich ein entscheidendes Urteil zu finden. Lebig-

lich ein freies 'Wollen' anzunehmen und dessen gänzliche Wirkungs-
losigkeit mit zu seinem Begriff zu rechnen erscheint fast widersinnig;
dagegen sehr kühn und kaum annehmbar die andere extreme Meinung,
so wie der Wille frei seine Richtung bestimme, so könne er auch seine
Intensität selbst bestimmen, und es sei allemal die eigene Schuld
des wollenden Geistes, wenn die Intensität seines Wollens zu gering
ist, um die unwillkürlichen psychischen Antriebe zum Handeln zu
überwinden.

§ 62.

Annahme oder Verwerfung der 'Freiheit' wird nach diesem
allen zuletzt die Sache eines Entschlusses, nicht das Resultat
einer theoretischen Beweisführung sein.

Nur unter der Voraussetzung, daß man die theoretischen Schwierigkeiten, denen wir begegneten, nicht für unüberwindlich halte, daß
man also an die Freiheit geistiger Wesen glaube, hat es weiteres
Interesse, den Begriff einer 'Weltregierung' zu erörtern.

Im Gegensatz zur 'Erhaltung' könnte die 'Regierung' nur in
unmittelbaren Einwirkungen Gottes auf die Naturordnung bestehen,
welche nicht die eigenen Konsequenzen dieser enthielten. Und sie
könnten nur veranlaßt werden durch die freien Handlungen, welche
den Fortgang des Weltlaufs von einer vorgezeichneten Linie abzu-
lenken drohten.

Solche göttliche Einwirkungen begreift man unter dem Namen
der Wunder.

Um diesen Begriff zu beurteilen, muß man ihn nicht als eine
Aufhebung der Naturordnung überhaupt oder allgemeiner
Naturgesetze definieren. Denn so würde er dem gar nicht ent-
sprechen, was wir mit ihm meinen. 'Allgemeine' Suspension von
'Naturgesetzen' würde nur ein ganz unvorstellbares Chaos bedingen.

Das 'Wunder' aber soll ein bestimmtes Ereignis sein,
in welchem partikular, für bestimmte Dinge und Augenblicke,
die physischen Gesetze ungültig sind, welche zugleich oder vorher und
nachher in Bezug auf alle anderen Dinge zu gelten fortfahren.

Dies heißt aber nichts anderes, als daß die Natur a irgend eines Elementes eine Veränderung in α erfährt, durch welche es jetzt nicht mehr unter den Bereich des Naturgesetzes g, sondern unter den eines anderen γ fällt, und infolge hiervon nicht mehr die gewohnte, sondern eine andere, außerordentliche Wirkung hervorbringt. — Nach dieser Definition würde also das 'Wunder' überhaupt gar keine Veränderung von Naturgesetzen einschließen, sondern lediglich die Veränderung einer oder mehrerer Größen, auf welche jene Gesetze Anwendung finden.

Nun läßt sich nicht in Abrede stellen, daß eine solche Veränderung der Naturen einzelner Elemente durch die Einwirkung eines göttlichen Eingriffs ganz ebenso denkbar ist, wie sie durch den Eingriff einer anderen, physischen Kraft sein würde. Und namentlich unter der Voraussetzung, daß die Naturdinge nicht selbständig, sondern stets unterhaltene Produktionen der göttlichen Macht sind, enthält dieser allgemeine Begriff des Wunders einesteils alles, was man im religiösen Interesse verlangen kann, anderenteils nichts, was theoretisch widersprechend oder unmöglich wäre.

§ 63.

Man hat nicht Ursache, sich allzusehr über diesen Nachweis der bloßen abstrakten Denkbarkeit des Wunders zu freuen. Man muß im Gegenteil beklagen, daß uns jedes entscheidende wissenschaftliche Regulativ fehlt zur Bestimmung der Grenzen, innerhalb deren wir dieser Denkmöglichkeit eine Geltung in der Wirklichkeit zutrauen dürfen. Nur sehr unbestimmte Gedanken lassen sich hierüber beibringen.

Daß die 'Naturordnung' für sich selbst keiner Korrekturen bedarf, leuchtet ein. Und die Änderungen, welche die freien Handlungen der Geister in ihr hervorbringen können, sind so eng begrenzt und können so leicht durch die allgemeine Ökonomie der Natur ausgeglichen werden, daß auch für sie 'wunderbare' Eingriffe unglaublich sind.

Eine gewisse ästhetische Neigung empfinden wir dagegen, große Wendepunkte der Geschichte, in denen eine neue Phase der geistigen Entwicklung ihren Anfang nimmt, auch durch ungewöhnliche Veränderungen der physischen Umstände verherrlicht zu sehen, müssen uns jedoch zugestehen, daß wir weder die Notwendigkeit noch den reellen Nutzen nachweisen können, den eine Befriedigung unserer Phantasie durch dieses Aufgebot des Wunderbaren haben würde.

Es scheint daher, daß unmittelbar überhaupt nicht die Natur, sondern zunächst nur das innere Leben der Geisterwelt das Objekt bildet, auf welches sich unmittelbare Eingriffe der Weltregierung beziehen könnten, und zwar so, daß sie nicht die einzelnen Geister bloß als passive Durchgangspunkte benutzten, sondern so, daß sie der eigenen Thätigkeit derselben Veranlassungen und Anregungen zuführten, welche der äußere Naturverlauf ihnen nicht darbieten kann, und durch welche sie nun nach den gewöhnlichen Gesetzen des geistigen Lebens dazu gelangten, neue dem Weltplan angemessene Anfänge geistiger Bewegung in die Welt einzuführen.

Wenn wir zu diesen Ereignissen unter andern auch religiöse Visionen rechnen, so fassen wir diese nicht, wie der Rationalismus, als 'bloß subjektive Täuschungen', denen nichts in der äußeren Natur und folglich überhaupt nichts entspreche, sondern wir denken sie als Produkte einer Wechselwirkung Gottes mit den einzelnen Geistern, durch welche in diesen eine ideale Erscheinung eines wahrhaft gültigen Inhalts hervorgebracht wird, der gar nichts an Würde Wert oder Realität gewönne, wenn er nicht bloß als solche Erscheinung, sondern außerdem noch als physische oder materielle Wirklichkeit realisiert würde.

§ 64.

Theoretisch läßt sich mithin eine Bestimmung darüber nicht treffen, wie weit mit Wahrscheinlichkeit der Glaube an die Anwendbarkeit des an sich nicht unmöglichen Begriffs vom Wunder sich ausdehnen soll.

Der ganze Gedanke aber, aus dem die Geneigtheit zu diesem Glauben fließt, hängt weiter zusammen mit der Idee einer 'Weltgeschichte', in welcher wir zusammen mit Gott gemeinsam etwas erleben, was zwar seinem allgemeinsten Plane nach bestimmt, in seinen Einzelheiten aber keineswegs bloß Folge ursprünglicher Prädestination, also nicht bloß 'konsequente Entwicklung', sondern wirklich Geschichte ist, die überall nur da vorkommt, wo allgemeine Gesetze oder ein allgemeiner Plan nicht vollkommen stetig, sondern in Wechselwirkung mit unzähligen gesetzlosen 'Hindernissen' oder freien Gegenwirkungen sich vollziehen.

Allen Religionen ist diese Zusammenfassung der Wirklichkeit zu einer 'Geschichte', die Anfang Mittel und Ende hat, sehr natürlich. Und doch liegen in dieser Vorstellung schon an sich selbst Schwierigkeiten.

Zuerst nämlich scheint es uns so, daß in der Verwirklichungsgeschichte eines 'Weltzweckes' oder in dem Ringen nach ihm die eigentliche Bestimmung der Wirklichkeit bestehe. Und in diesem Sinne ist es uns ganz natürlich, die 'Schöpfung', die 'Weltgeschichte' und das 'Weltgericht' als die drei aufeinander folgenden Akte dieses abgeschlossenen Dramas anzusehen. Allein bei näherer Überlegung widerspricht doch diese Anschauung unserem Bedürfnis.

Wurde die Welt zeitlich erschaffen, so daß von diesem [gegenwärtigen] Augenblick an gerechnet eine rückschreitende Erkenntnis nach einer endlichen Anzahl von Schritten ihren Anfang auffände, so belästigt uns die Leere der unendlichen Zeit vor diesem Anfang und wir wissen sie mit nichts auszufüllen. Denn auch ein einsames Vordasein Gottes ist dann ein unklarer Gedanke, wenn man die Weltschöpfung aus einem 'Willen' Gottes entspringen läßt, der weder zu seiner Entstehung noch zu seiner Ausführung diese Vorbereitungszeit bedürfen konnte.

Ebenso wenn das 'Weltgericht' die 'Geschichte' abschließt, so kann das ja nicht meinen, daß nun die geschaffene Wirklichkeit wieder in nichts verginge. Vielmehr ist durch dasselbe erst eine Ordnung der Dinge gestiftet, welche den Zweck der Welt erfüllt und welche dann natürlich als Wirklichkeit dessen, was sein sollte, ins Unendliche fortbestehen würde, ohne eine weitere Geschichte der Entwicklung, die nun überflüssig wäre, zu erfahren.

Solche Überlegungen überreden uns, daß die von unseren menschlichen Bestrebungen entlehnte Vorstellung dieser drei successiven Perioden des Anfangs, der Verwirklichung und der Vollendung eines Zweckes nicht auf das Ganze der Welt anwendbar ist.

Achtes Kapitel.
Von dem Begriff des Weltzweckes.

§ 65.

Den Begriff eines 'Weltzweckes', der sich nach unseren letzten Bemerkungen nun nicht einmal, am Schluß einer Geschichte, sondern fortwährend in dem Lauf der Welt realisieren würde, haben wir einfach eingeführt ohne nach seiner Berechtigung zu fragen.

Theoretisch ist diese gar nicht zu beweisen; es bleibt vollkommen möglich, den Weltlauf als eine durchaus absichtslose, wenn auch mehr oder minder lebendige Entwicklung eines Absoluten zu denken.

Allein für das religiöse Gemüt hat es eine unmittelbare Evidenz, daß dem nicht so sei, und daß alle die Phänomene der Begeisterung, Verehrung und des Gefühls, einem Ideale verpflichtet zu sein, nicht erklärlich sind als Nebeneffekte in der Entwicklung eines absichtslosen Prinzips.

Ist aber einmal der Begriff eines höchsten Zweckes der Welt anerkannt, so hängen mit ihm die andern Vorstellungen zusammen, die seine notwendigen Beziehungspunkte bilden, vor allem der eines persönlichen Gottes, in dessen Bewußtsein und Willen allein der

Zweck vor seiner Erfüllung eine Wirklichkeit haben kann, durch die er als leitendes Prinzip für den Weltlauf selbst wirksam wird.

Hierauf ist indes nicht zurückzukommen. Die bringendste Frage ist die, wo rein wir diesen 'höchsten Zweck' zu setzen haben.

§ 66.

Die Antwort hierauf versteht sich insoweit von selbst, daß natürlich dieser Zweck nicht in die Realisierung eines Thatbestandes gesetzt werden kann, in Bezug auf welchen die Frage noch möglich wäre, warum gerade er und warum nicht andere denkbare seinesgleichen diese bevorzugteste Stelle in der Welt erfüllen sollen. Der Zweck muß offenbar dasjenige Wertvollste sein, in Bezug auf welches diese Frage sinnlos wird.

Was dies nun sei, darüber ist die gewöhnliche, unphilosophische religiöse Ansicht gar nicht ungewiß: nur der Begriff der Seligkeit scheint ihr diesen Wert auszudrücken, in Bezug auf den es absurd ist, zu fragen, warum er und warum nicht irgend etwas anderes den höchsten Zweck bilde. — Hiermit hängt, nebenbei gesagt, als begreiflich die Existenz einer Geisterwelt zusammen. Denn nur sie konnte die Subjekte enthalten, als deren Zustand dieser höchste Zweck denkbar ist. Dagegen ist gar nicht sofort mit dieser Ansicht auch eine Erklärung des Vorhandenseins dieser bestimmten unbelebten Welt gegeben.

§ 67.

Eine Anfechtung erfährt diese Ansicht vergebens von Seiten eines sittlichen Rigorismus, der, mit seiner bekannten Geringschätzung aller 'Lust', auf praktischem Gebiete immer bloß die 'uninteressierte Befolgung allgemeiner Pflichtgebote' für sittlich hält und daher auch auf religiösem eine 'höchste Glückseligkeit' jedenfalls nicht als Weltzweck, vielleicht nicht einmal gern als erträgliche Folge desselben zugeben möchte. — Hierüber bemerken wir in der Kürze folgendes:

Wenn die Befolgung oder Nichtbefolgung eines sittlichen Gesetzes keinem gefühlsfähigen Wesen in der Welt, weder Gott noch Engeln noch Menschen, irgend eine Spur von Lust oder Unlust verursachte, so würde es durchaus unverständlich sein, warum nun gerade die Befolgung und nicht die Nichtbefolgung des Gesetzes eine verpflichtende Kraft haben müßte, da doch die Effekte beider Verhaltungsweisen nur in Hervorbringung verschiedener Thatbestände bestehen, von denen der eine so gleichgültig sein würde, wie der andere.

Es ist, mit Einem Wort, nicht zu begreifen, worin der 'Wert' irgend eines Handelns bestehen soll, wenn seine Resultate nicht irgendwo in der Welt ein 'Gut' zu erzeugen oder die Summe der vorhandenen Güter zu vermehren im stande sind. 'Güter' aber nennen wir zwar Dinge, Zustände und Ereignisse, aber doch nur insofern als sie Mittel zur Erreichung des einzigen wirklichen und selbständigen 'Gutes' sind, welches letztere immer nur in der Lust eines gefühlsfähigen Geistes existiert und mit der Geisterwelt völlig aus der Wirklichkeit verschwinden würde.

Diese Rücksichtnahme auf einen letzten an sich absolut wertvollen Zweck kann keine Ethik vermeiden. Wie sehr auch manche rigoristische Systeme ihre obersten Sittengesetze scheinbar ohne diese Rücksicht formulieren, so muß man doch immer zu den Versicherungen, sie seien die höchsten Gesetze, den Nachsatz supplieren: 'denn was würde daraus, wenn sie nicht befolgt würden?'

§ 68.

Diese Behauptungen setzen die Moral nicht herab. Es ist nicht damit gemeint, daß das direkte Streben nach Glück und zwar nach eigenem Glück das sittlich zu lobende Motiv unseres Handelns sein solle. Hierüber belehrt uns unser Gewissen hinlänglich, indem es dieses Streben für an sich gleichgültig und bloß natürlich, dagegen für sittlich löblich nur das Streben nach Verwirklichung fremdes Glückes erklärt, so daß (wie sich weiter würde nachweisen lassen) das Gebot des 'Wohlwollens' eigentlich das fundamentale unter allen sittlichen Geboten ist, unter dessen Voraussetzung alle übrigen erst ihren verpflichtenden Wert erhalten.

Theoretisch dagegen, wenn wir eine zusammenhängende Weltansicht suchen, haben wir ein Interesse daran, daß die sittlichen Gebote, die wir praktisch befolgen können, ohne weiter nach ihrem Ursprung zu fragen, nicht ganz zusammenhanglos mit der Welteinrichtung sind.

Daß diese letztere also auf den Zweck der Seligkeit berechnet sei, ist eine theoretische Forderung, die wir im Interesse gewissermaßen unserer Verehrung der Welt, nicht aber zur Befriedigung unserer eigenen Wünsche nach Glück stellen. Natürlich können wir nicht vermeiden, daß unser eigenes Wohl in diesen umfassenden Zweck mit eingeschlossen sei.

Dies sind ungefähr die Antriebe, welche in religiösen Gedanken zu dieser Lehre von der Seligkeit geführt haben. Von ihnen unterscheiden sich nicht zu ihrem Vorteil, wenigstens was die Absicht betrifft, die philosophischen Systeme, welche nur praktisch die Forderungen an uns stellen allgemeinen Sittengesetzen zu gehorchen, theoretisch aber keine Aufklärung geben über das letzte Ende, zu dem dieser unaufhörliche Aufwand sittlicher Energie eigentlich führen soll.

§ 69.

Allerdings gilt das erwähnte Lob nur der Absicht und nicht der Ausführung dieser religiösen Ansicht. Sie scheitert vielmehr bei dem Versuche, wirklich die Notwendigkeit dieser Welt aus dem höchsten Zwecke der Seligkeit abzuleiten.

Den ersten Einwurf allerdings könnte man unterlassen: warum nämlich überhaupt dieser Zweck erst als Ergebnis eines Weltlaufes und warum er nicht gleich von Anfang an erfüllt werden konnte. Einer solchen Frage liegt eigentlich der logische Fehler zu Grunde, den Begriff der 'Seligkeit' oder der 'Lust überhaupt' in dieser seiner Allgemeinheit als etwas Realisierbares zu betrachten. Allein die inhaltlose 'Lust' kann so wenig existieren als eine Empfindung der 'Farbe überhaupt', die weder grün noch blau wäre. Jede 'Lust' ist vielmehr eine ganz bestimmte, die sich der Intensität und der Färbung nach von anderen unterscheidet und in beiden Rücksichten von der Natur des Inhalts bestimmt wird, dessen Genuß sie ist.

Hieraus kann man sich deutlich machen, daß wir von einer inhaltlosen Seligkeit uns zwar diesen Namen aber durchaus keine wirkliche Vorstellung bilden können, daß sie vielmehr nur realisierbar ist unter Voraussetzung irgend welcher thatsächlichen Verhältnisse, die das Objekt bilden, welches in der Lust genossen wird, daß endlich auch diese Verhältnisse nicht sein können wie sie wollen, sondern zusammen eine geordnete Welteinrichtung bilden müssen.

Allein weiter kommt man auf diesem Wege nicht: die Postulate, welche einer solchen Welteinrichtung gestellt sind, sind immer noch allgemeine und abstrakte. Daß sie nun gerade durch diese Stoffe Kräfte Organismen und Arten des Geschehens erfüllt werden mußten, die wir in der Welt erfahrungsmäßig finden, ist auf keine Weise zu beweisen.

Die Verwunderung darüber, daß so viele andere Arten des Daseins noch möglich wären, die aber nicht sind, kann nur unvollkommen durch Hinweis darauf gemildert werden, daß unser Erfahrungskreis eng ist, und daß in der außerirdischen Welt vielleicht alle die Möglichkeiten verwirklicht sind, die wir auf der Erdoberfläche vermissen. Denn da wir Grund haben, die allgemeinsten physischen Gesetze, die bei uns gelten, auch für alle Fernen der Welt gültig zu denken, so werden auch die dort befindlichen Organisationen nur solche sein können, die mit diesen Gesetzen stimmen. Es bleibt immer noch eine unendliche Vielheit denkbar, die existieren könnte, wenn jene Gesetze nur andere wären. Man ist also auf die neue Frage reduziert: warum sind die nicht denknotwendigen, sondern empirischen Gesetze der Natur gerade so, wie sie sind und nicht anders?

Diese Frage ist unbeantwortbar, und wir müssen uns bescheiden, im religiösen Glauben die gegebene Welt als thatsächlich zur Verwirklichung des höchsten Zweckes berufen zu denken, ohne die Gründe dieser Berufung noch weiter erforschen zu können.

§ 70.

Das Vorhandensein der **Übel** in der Welt, und zwar zunächst bloß der **physischen**, bringt unsere allgemeinen Voraussetzungen noch außerdem in unlösbaren Widerstreit mit den **gegebenen Thatsachen**.

Es genügt, mit Einem Wort anzudeuten, wie ganz fruchtlos die Redensarten sind, welche das Übel zu entschuldigen suchen, indem sie es nur 'im einzelnen' anerkennen, 'die Harmonie der Welt im ganzen' aber festhalten. Man darf diese Äußerungen nur umkehren: 'im **ganzen** nehme sich die Welt zwar schön aus, im **einzelnen** aber sei sie elend', um einzusehen, daß solche Ausdrücke bloß den guten Willen der Entschuldigung bezeugen, aber keinen Grund für eine solche angeben.

Außerdem ist faktisch die Behauptung jener 'Harmonie im großen' durch gar nichts zu beweisen. Wir wissen bloß, daß die Welt durch ihre Mängel **nicht zu Grunde geht, sondern mit ihnen fortbauert**.

§ 71.

Alle Bestrebungen, hierüber ins klare zu kommen, können das Übel, das sich **nicht hinwegleugnen läßt**, nur zu **entschuldigen** versuchen.

Der erste Anlauf dazu besteht in der Annahme, daß es **notwendig sei**; mit andern Worten: daß Gott, obgleich nur das höchste Gute **beabsichtigend**, doch in seiner Schöpfung an Gesetze gebunden gewesen sei, die nicht das **unbedingt** Gute, sondern nur die '**Auswahl der besten Welt**' unter vielen gestattet haben, die sämtlich **unvollkommen** waren.

Die Einschränkung der göttlichen Allmacht, die hierin liegt, würde man einigermaßen ertragen können, wenn unter jenen 'allgemeinen Gesetzen' wirklich nur die ewigen Wahrheiten verstanden werden könnten, die, wie wir sahen, nichts Frembes für Gott, sondern der eigene modus agendi seiner geistigen Thätigkeit sind. Allein es ist auf der ganzen Welt mit gar nichts zu beweisen, daß diese ewigen Wahrheiten an den Übeln in der Welt schuld wären. Soweit wir irgend empirisch den Verlauf der Dinge kennen und nach Analogie desselben die nicht verwirklichten Möglichkeiten beurteilen können, würde eine durchaus mangellose Welt jenen 'ewigen Wahrheiten' gar nicht widersprechen. Der uns bekannte Grund der Übel liegt vielmehr in den besonderen Thatsachen und Einrichtungen, die wirklich vorhanden sind, an deren Stelle aber andere mit jenen 'Wahrheiten' auch verträgliche auch stattfinden könnten, die zu diesen Übeln nicht führten.

Da wir nun die Stiftung dieser besonderen Wirklichkeiten dem Schöpfungswillen Gottes zuschreiben müssen, so würde es nicht gelingen, auf diesem Wege den Ursprung des Übels von dem göttlichen Willen unabhängig zu machen; man müßte denn die Allmacht noch weiter so einschränken, daß man auch die wirklichen Elemente der Welt und ihre ursprünglichen Verknüpfungen als etwas Gegebenes betrachtete, worein Gott sich finden mußte, und woraus er dann das beste noch mögliche Ergebnis zu gewinnen suchen mußte (Leibnitz).

Dies würde nicht nur religiös eine Herabwürdigung unseres Begriffes von Gott, sondern auch theoretisch fruchtlos sein. Denn damit die mäßige Einwirkung, die man diesem Gott auf die Welt noch zuschriebe, überhaupt nur stattfinden könnte, müßte man einen zweiten höheren Gott annehmen, der diese beiden nun einander nichts angehenden Glieder einer Wechselwirkung in der früher [§ 16 ff.] erörterten Weise zusammenfaßte und auf einander zu wirken vermöchte.

§ 72.

Nach dieser metaphysisch gemeinten giebt es eine pädagogische Erklärung, welche die Übel als Mittel zum Guten, zur Erziehung und Besserung ansieht.

Allein erstens denkt diese Ansicht bloß an die Menschen, die allein erziehungsfähig sind. Aber auch in der Tierwelt kommen die physischen Übel und zwar gar nicht sporadisch, sondern so systematisiert vor, daß das grausame Quälen und Vernichten der einen Geschöpfklasse durch die andere geradezu zur Naturordnung gehört. Dies kann keine Pädagogik begreiflich machen. Man begreift viel eher, wie frühere Zeiten aus Verzweiflung darüber geradezu ein 'böses Urprinzip' dem guten dualistisch entgegenstellten.

Aber auch abgesehen hiervon — jede Erziehung wendet Übel bloß an, weil die Gemüter, auf die sie wirken will, psychologisch so mangelhaft organisiert sind, daß ohne diese an sich verwerflichen Mittel der Zweck nicht mehr erreicht wurde. Auf die ganze Welt angewandt führt dies zu dem vorigen Gedanken zurück: Gott hatte es nicht in seiner Hand, die Welt so vollkommen zu schaffen, daß sie ohne die Korrektion durch Übel ihren Zweck erreichte.

§ 73.

Eine mehr religiös und mystisch ausgebildete Ansicht sieht das moralisch Böse als das Frühere, die physischen Übel als Folge seiner Verwirklichung an.

Nun können wir den Umstand, daß das wahrhaft Gute nicht ohne die Möglichkeit des Bösen zu verwirklichen, also die Freiheit der Geisterwelt zuzugestehen war, als eine Notwendigkeit betrachten, die nicht eben Gottes eigener Natur fremd zu sein braucht. Allein man sieht doch nicht ein, warum die böse Gesinnung, die infolge jener Freiheit in der Welt auftrat, überhaupt eine physische Folge zu haben brauchte, und warum nicht die Gefahr, welche sie dem ungestörten Fortbestande der Welt drohte, durch eine jener Selbstkompensationen abgewendet wurde, durch welche so häufig sonst in der Natur ein beginnendes Ungleichgewicht sich selbst wieder aufhebt.

Die notwendige Existenz der Freiheit würde daher durchaus nicht erklären, daß durch ihren Mißbrauch Unschuldige leiden müssen. Aber auch außerdem deckt die Ansicht nicht die ganze Frage.

Denn die weitere Annahme, die Natur sei ursprünglich ohne Übel gewesen und erst die Sünde habe diese in die Welt gebracht, entbehrt nicht bloß aller empirischen Grundlage, sondern ist auch in sich selbst haltlos. Man kann nicht um deswillen, weil einzelne oder auch sehr viele Geister fehlten, 'die Sünde' als ein einheitliches Prinzip oder eine Macht ansehen, die überhaupt auf den Naturlauf eine rechtmäßige Einwirkung hätte; noch weniger ist zu begreifen, warum die Natur die Störungen, welche die ihr fremde Sünde in sie gebracht hätte, nicht einzeln zu überwinden suchte, sondern nun als solidarisch verbundenes Ganze die physischen Übel geradezu in ihren Betriebsplan mit aufnahm.

Das Unbegreifliche dieser Ansichten wird dadurch nicht verbessert, daß man sie mit noch größerer Emphase vorträgt, also z. B. von einem 'freiwilligen Abfall der ganzen Schöpfung' spricht, die nun 'den Fluch ihrer Unvollkommenheit auf alle aus ihr noch entspringenden Geschöpfe ausdehne'. Wie man das auch ausmalen mag, es heißt doch eben gar nichts, diesen Akt eines 'Abfalls' dem Kollektiv-Begriffe einer 'Schöpfung' zuzuschreiben. Er ist bloß verständlich für jedes einzelne individuelle freie und bewußte Wesen. Beziehen wir ihn aber auf ein solches, so ist es eine völlige dem einfachsten Gefühl für Gerechtigkeit widerstrebende Monstruosität: anzunehmen, daß die Folgen dieser That wie eine nicht abzuschüttelnde Erbschaft auf alle späteren ihrem Begriffe nach doch zu gleicher 'Freiheit' bestimmten Generationen übergehen.

In sehr verschiedenen Formen haben Mythologie, Mystik und Dogmatik eine solche Ur-Weltgeschichte vorgetragen. Keiner dieser Versuche hat jene offenbaren Ungereimtheiten entfernen können.

§ 74.

Diese Unfähigkeit unserer theoretischen Erkenntnis zur Auflösung dieses Rätsels mußte ganz unverhohlen ausgesprochen werden. Denn es soll nicht der Schein bestehen bleiben, als gäbe es in unverständlichen und nur der Phantasie durch anschauliche Bilder sich empfehlenden Ausdrücken wirklich einen theoretischen Beweis für die Richtigkeit des religiösen Gefühls, auf dem unser Glaube an einen guten und heiligen Gott und an die Bestimmung der Welt zur Erreichung eines seligen Zweckes beruht.

Wer diese religiöse Überzeugung nicht teilt, der kann durch unsere letzten Betrachtungen theoretisch ganz gut zu dem Pessimismus kommen, der jetzt an der Tagesordnung ist und gegen den es eine theoretische Widerlegung nicht geben wird. Aber dieser Pessimismus, der zu dem Gedanken einer willenlosen Urkraft zurückkehrt, die Gutes und Böses gleich absichtslos produziert, ist nicht eine tiefsinnigere, sondern eben die wohlfeile und auf der Oberfläche liegende Ansicht, durch die man sich bequem alle Rätsel vom Halse schafft, indem man — bloß das aufopfert, was dem unbefangenen Gemüt das Wesentlichste und Höchste ist.

Ihm gegenüber ist die Zuversicht, daß trotz alle dem, was uns unverständlich ist, in der Welt das Streben nach einem höchsten Zweck jedenfalls vorhanden sei, die schwierigere Aufgabe. Denn sie nimmt die große und niemals abzulehnende Arbeit auf sich, doch immer erneute Versuche zu machen, um die Kluft auszufüllen, die zwischen diesem Inhalt unseres Glaubens und den gegebenen Erfahrungen liegt. — Nennen wir jeden Versuch dieser Art im Denken oder Handeln 'Religion', so ist eben 'Religion' niemals ein beweisbares Theorem, sondern die Überzeugung von ihrer Wahrheit eine dem Charakter zuzurechnende That.

Hiermit endete die 1875er Vorlesung. Und überhaupt haben bis 1878 die soeben skizzierten Gedankengänge immer den Schluß der Vorlesung gebildet. Im Wintersemester 1878/79 dagegen hat Lotze zwei weitere Kapitel hinzugefügt, die als Kapitel 9 und 10 auch hier sich anschließen mögen.

Neuntes Kapitel.
Religion und Moral.
§ 75.

Wenn es keine theoretische Beweisführung für die religiöse Überzeugung giebt, so muß es doch ein Motiv geben, diese Überzeugung festzuhalten. Und in der That hat man sich stets auf eine 'unmittelbare innere Erfahrung' berufen, welche die Wahrheit des religiösen Inhalts ebenso direkt und ohne logische Vermittelung bezeugt, wie die Wahrnehmung der Sinne die Wirklichkeit der äußeren Gegenstände. Bereits in der Einleitung ist indessen ausgesprochen, daß eine übereinstimmende innere Erfahrung über die sinnlich nicht wahrnehmbare göttliche Ordnung der Welt keineswegs besteht, daß vielmehr [vergl. auch § 59] das einzige den Menschen gemeinsame Element, worauf man sich zur Begründung der Religion berufen könne, in den 'Aussprüchen des Gewissens' besteht, die zunächst nur sagen, was sein soll, aber dann doch indirekt daraus auch eine Folgerung erlauben auf das, was ist.

§ 76.

Auch über diese wirkliche Leistung des 'Gewissens' bestehen verschiedene Auffassungen.

Es muß zugegeben werden, daß das Gewissen nicht aller Erfahrung voraus eine zusammenhängende Offenbarung der Gebote ist, die unser künftiges Handeln befolgen soll; es gleicht vielmehr unserer Erkenntnisfähigkeit. Die höchsten Grundsätze, auf welche diese die Beurteilung der Dinge zurückführt, sind auch kein ursprünglicher fertiger Besitz unseres Bewußtseins. Vielmehr: die einzelnen Wahrnehmungen veranlassen uns zuerst, als eine Art unmittelbare Reaktion ihre Verknüpfung in einem bestimmten Sinne auszuführen. Erst die spätere Reflexion auf viele solche Einzelfälle zeigt uns, nach welchen 'Grundsätzen' unser vorher nur instinktives Handeln verfahren ist. Und nun erst sind sie bewußte Grundsätze, die wir in unserer fernern Erkenntnis befolgen.

Ganz ebenso wird 'das Gewissen' zuerst durch die Betrachtung ganz bestimmter Fälle zu Einzelurteilen der Billigung oder Mißbilligung über die darin vorkommenden Handlungen veranlaßt. Erst die reflektierende Vergleichung dieser Einzelurteile bildet daraus die **allgemeinen sittlichen Vorschriften**, die man dann als die 'unmittelbare Stimme des Gewissens' zu bezeichnen pflegt.

§ 77.

Dieses notwendige Zugeständnis über die **psychologische Entwicklung** unseres Gewissens wird nun zu einer ersten Ansicht benutzt, welche den **verbindlichen** Wert und die **eigene Majestät** der sittlichen Gebote aufhebt.

Die Reizbarkeit nämlich, welche den Geist veranlasse, Bestimmtes zu billigen oder zu mißbilligen, beruhe selbst wieder bloß auf dem unmittelbaren **Wohl** oder **Wehe**, welches er davon erfährt. Dann aber, wenn sie zu allgemeinen Sätzen fortschreitet, fasse sie bloß diejenigen Maximen zusammen, von denen die Erfahrung gelehrt hat, daß ihre beständige Befolgung durchschnittlich den höchsten Grad und die beständigste Dauer des überhaupt erreichbaren Wohles sichere. Alle sittlichen Gebote erscheinen daher bloß als Maximen des Egoismus, der sich selbst zu erhalten sucht; sie erscheinen aber als **allgemeine Gesetze** bloß deshalb, weil die Beschränktheit unserer Erkenntnis des Vergangenen Gegenwärtigen und Zukünftigen uns nicht in jedem Falle die speciell für diesen passende Handlungsweise zur Erreichung des höchsten möglichen Gutes erlaubt.

Dieser ganzen Auffassungsweise müssen wir nun dies eine zugeben, daß allerdings bloß die Erfahrung des menschlichen Verkehrs uns den **konkreten und bestimmten Einzelinhalt** der Vorschriften liefern kann, in deren Befolgung das sittliche Verhalten liegt, und daß dagegen alle Versuche vergeblich sind, in umgekehrter Richtung, aus den allgemeinen Begriffen des Guten Sittlichen Heiligen oder Gerechten, jene specialisierten Vorschriften abzuleiten. Diese Allgemeinbegriffe drücken gar nichts anderes aus als die Eigentümlichkeit des Eindrucks, welche bestimmte Arten des Handelns, wenn man sie erst kennen wird, auf unser Gemüt machen werden; dagegen lehren sie eben die Formen des Handelns selbst nicht kennen, denen dieser Eindruck zukommen wird.

§ 78.

Eine Sinnesart, die darauf besteht, in den sittlichen Vorschriften bloß durch Erfahrung erworbene Klugheitsregeln und hinter allen Hand-

lungen bloß egoistische Motive zu suchen, ist theoretisch durch nichts
zu widerlegen. Nur so viel ist klar, daß jene Deutung der moralischen
Gebote willkürlich ist. Denn auch dann, wenn wir annehmen, daß
denselben eine eigene Würde und Heiligkeit zukommt, würde sich doch
alles ebenso verhalten. Nämlich diese Gebote würden in der That die
Maximen sein, deren Befolgung die größte Summe des Glückes erzeugt.
Der Inhalt dessen ferner, was sie befehlen, würde immer erst durch
Erfahrung gelernt werden, wie oben erwähnt ist. Und eben deswegen
würde es immer möglich sein, sie so darzustellen, als wären sie nichts
weiter als solche Lehren der Erfahrung über das Nützliche.

Anderseits aber übersieht derjenige, der diese Interpretation vorzieht, die Thatsache, daß wir doch alle dem Handeln, welches nur diese
Klugheitsregeln befolgt, ein ganz anderes noch als allein wertvoll gegenüberstellen, welches dieselben Regeln, aber mit anderen Gesinnungen befolgt und zwar mit solchen, welche entweder auf die Herstellung des Guten ebenso uneigennützig bedacht sind, wie wir etwa die
Schönheit als objektiv Wertvolles ohne Nutzen für uns verehren, oder
welche, sofern sie auf Erzeugung eines Glückes ausgehen, dies nur in
dem Wohlwollen für Andere und nicht in der Selbstsucht finden.

Auch dies kann man leugnen; aber man leugnet dann damit
eine innere Erfahrung, auf deren Zugeständnis jeder weitere religiöse Aufschwung beruht. Man wird daher auch umgekehrt diejenigen
nicht widerlegen können, die sich dieser inneren Erfahrung bewußt sind.

§ 79.

Aber auch die Anerkennung der eigenen Würde und Heiligkeit sittlicher Gebote führt nicht sofort zu einer religiösen Weltansicht, ist
im Gegenteil sowohl im Altertum als in neuerer Zeit ausdrücklich in
Gegensatz zu religiösen Gedanken gesetzt worden, die als eine unnötige und unwahre Zugabe zu jener Anerkennung erschienen.

Es ist nicht zu leugnen, daß praktisch auch dieser Stoicismus
oder der Rationalismus, der jede religiöse Anknüpfung verschmäht, durch
die bloße Unterordnung unter die allgemeinen Gebote der Sittlichkeit
und des Weltlaufs eine sehr anerkennenswerte Führung des Lebens
begründen kann. Allein es liegen in dieser Auffassung [vergl. § 68]
eigentümliche theoretische Widersprüche.

Man behauptet zuerst: alle Gedanken über einen etwaigen Ur=

sprung oder über ein **Endziel** der moralischen Gesetze seien zu vermeiden, weil sie nur dazu dienen könnten, den Begriff der **eigenen Heiligkeit** und der **unbedingten Verbindlichkeit** dieser Gesetze zu verderben, die vielmehr eine ganz unmittelbare Anerkennung als schlechthin verpflichtender verlangen. So achtbar die Gesinnung ist, die sich so äußert, so ist doch der **theoretische** Gedanke, durch den sie sich stützen möchte, ganz unbrauchbar. Völlig unbedingte Gesetze lassen sich denken, sofern sie in der That alle Wirklichkeit beherrschen, wie die Naturgesetze, und folglich Ausdrücke eines **Müssens** sind, das keine Ausnahmen kennt. Unfaßbar dagegen ist der Gedanke eines 'unbedingten **Sollens**' d. h. eines Gesetzes, dem die Wirklichkeit keineswegs von selbst entspricht.

Es muß ein Unterschied sein zwischen der Wirklichkeit dessen, was sein **soll**, und dessen, was **nicht** sein soll; und dieser Unterschied kann nicht darin liegen, daß man bloß diese beiden entgegengesetzten Prädikate wiederholt. Vielmehr eben, daß das eine sein soll und das andere nicht, muß eine praktische Gültigkeit haben. Mit andern Worten und einfacher: ein un**bedingtes** 'Sollen' ist undenkbar, und nur ein **bedingtes** möglich, welches Vorteile und Nachteile auf Befolgung oder Nichtbefolgung einer Vorschrift setzt. Diese Folgen selbst aber können zuletzt doch nur wieder in Lust oder Unlust bestehn. Und in dieser besteht auch allein der, wie man sagt, '**absolute Wert**', den die durch die moralischen Gesetze bezeichneten Ideale des Handelns besitzen. Ein Wert, der von **niemandem** geschätzt wird, also für **niemand** Lust oder Unlust bewirkt, ist nach den früheren Auseinandersetzungen [§ 67] ein an sich widersprechender Gedanke.

Der Vorteil nun, den man unabtrennlich mit dem Anspruch auf Gültigkeit der moralischen Gesetze verknüpfen muß, könnte nun zunächst in jener Unbewegtheit des Gemüts, der **Ataraxie**, gesucht werden, welche der Stoicismus als das Lebensideal des Weisen betrachtet. Allein wenn diese löblich ist, sofern sie durch die **Leiden** sich nicht stören läßt, so ist doch ihre Konsequenz wenig löblich, die auch die lebendige Begeisterung für Gutes und Schönes ausschließen und den fühlenden Geist im Grunde zu der Daseinsform einer unpersönlichen Substanz herabsetzen würde. Die moralischen Gesetze aber, sofern durch ihre Befolgung diese Ataraxie erreicht würde, würden in der That bloß noch Maximen der Nützlichkeit sein, die zur Erreichung eines völlig egoistischen Wohls bestimmt wären.

Indessen hat offenbar nicht diese Gemütsruhe allein, sondern die Selbstachtung, welche die Befolgung der Sittengesetze gewährt, als das letzte Ziel und Gut vorgeschwebt. Dies kann nun unzweifelhaft sehr gut gemeint sein, verträgt sich aber wenigstens nicht mit der Abweisung aller weiteren religiösen Ansicht. Wenn wir die einzelne Persönlichkeit nur als Naturprodukt ansehen, das vergänglich auftritt und verschwindet, so ist nicht recht einzusehen, warum wir Wert darauf legen, daß dasjenige, was wir als gut und heilig verehren, sich nun gerade in diesem 'Ich' verwirklichen müsse. Auch die Selbstachtung würde daher unmittelbar bloß als letztes Ziel verständlich sein, wenn sie unter den Begriff dessen gebracht würde, was uns egoistisch wohl thut, ganz so wie jedes sinnliche Vergnügen. Einen andern Sinn würde sie nur haben können, wenn auch unsere Ansicht von unserer Persönlichkeit und von ihrer Stellung im Ganzen der Welt sich ändert.

§ 80.

Diese Reflexionen, die freilich nicht den Wert eigentlicher Demonstrationen haben, sondern nur fühlbar machen sollen, durch welche Verbindung die einzelnen hier erwähnten Gedanken erst vollständig befriedigend werden, führen uns nun zu drei Sätzen, welche wir als die charakteristischen Überzeugungen jeder religiösen Auffassung, im Gegensatz zu bloßer Verstandes-Weltansicht, betrachten können:

1) Die sittlichen Gesetze bezeichnen wir als den Willen Gottes;
2) die einzelnen endlichen Geister nicht als Naturprodukte, sondern als Kinder Gottes;
3) die Wirklichkeit nicht als bloßen Weltlauf, sondern als ein Reich Gottes.

Diese drei Sätze sind zu erläutern und ihre Konsequenzen aufzusuchen.

§ 81.

Der erste dieser Sätze hat Einwände erregt, die zuletzt zu der bekannten scholastischen Alternative führen: 'Ist das Gute gut, weil Gott es will? oder will er es, weil es gut ist?' Hierüber ist nach Analogie der ähnlichen Frage über die Gültigkeit der ewigen Wahrheiten zu entscheiden.

Wollte man das erste Glied bejahen, so würde sich fragen, was man sich dann unter demjenigen Gott denkt, der als Subjekt dieses Willens hierin auftritt. Er würde nichts anderes sein können, als eine noch ganz inhaltlose unendliche Macht; und die Behauptung, daß er das Gute gewollt habe, würde (wenn sie einen zeitlich erfolgten Willensentschluß meinte, ganz ebenso sehr, als wenn sie diesen Willen für einen anfangslosen und ewigen erklärte) eigentlich ganz identisch mit der andern Behauptung sein: das Gute solle nun einmal sein, und eine völlig ursprungslose Position oder Bejahung begründe dieses Sollen. Es ist außerdem klar, daß jede solche That bloßer Macht zwar eine Notwendigkeit, aber durchaus keine Würde des Gebotes hervorbringen kann.

Allein anderseits nun ist es ebenso unfruchtbar, zu behaupten: Gott wolle das Gute, weil es 'an sich gut' ist. Denn, abgesehen von der Zweideutigkeit dieses letzteren Ausdrucks, ist doch eine 'Anerkennung', die nicht bloß erzwungene Fügung unter eine Satzung ist, nur dann möglich, wenn für die Natur des anerkennenden Geistes der anzuerkennende Inhalt die Wahrheit und den Wert bereits hat, der ihnen zuerkannt werden soll.

Man überzeugt sich daher, daß jene Alternative wieder zwei Gedanken sondert, die man durchaus ungesondert, als Ausdruck einer einzigen Thatsache, zusammen denken muß, und daß man immer auf Ungereimtheiten stößt, wenn man dann den einen von ihnen zur Bedingung des andern macht.

Wir entscheiden uns also dahin: Gott ist nichts weiter als derjenige Wille, dessen Inhalt und Verfahrungsweisen in unserer Reflexion als das 'an sich Gute' aufgefaßt und von der lebendigen Form der Existenz, die es eben nur in dem wirklichen Gotte hat, durch Abstraktion getrennt werden kann, in Wahrheit aber aus der Natur Gottes so wenig als Sekundäres folgt oder als Primäres ihr vorausgeht, wie etwa in der Bewegung die Richtung eher oder später als die Geschwindigkeit sein kann.

Es ist daher ganz irrig, einzuwenden: die eigene Majestät der sittlichen Gesetze leide, wenn man sie als Willen Gottes betrachte. Denn diese Betrachtung machen wir eben nicht in der Absicht, die unmittelbar von uns anzuerkennende Würde jener Gebote durch Angabe ihres Ursprungs zu begründen, sondern wir machen sie, um

zu dieser an und für sich feststehenden Würde, die wir gleichwohl **theoretisch als einen unvollständigen Gedanken** ansehen mußten, diese
Ergänzung hinzuzufügen, durch welche, wie gesagt, ihre Würde nicht
erhöht, aber verständlich und mit unserer Gesamtansicht von der
Welt vereinbar wird.

§ 82.

Was den **zweiten Satz** betrifft, so darf der etwas sentimentale
Ausdruck nicht über die Wichtigkeit des Gedankens täuschen.

Der Sinn ist doppelt. Einmal nämlich liegt darin die Anerkennung der Endlichkeit und der Unterwerfung des persönlichen Geistes unter die Macht und Weisheit Gottes. Und hierin liegt der Gegensatz, den vor allen die **christliche Religion** gegen den **Hochmut spekulativer Moralsysteme** ausgesprochen hat, welche die Selbstgenügsamkeit Selbstachtung und Selbstgerechtigkeit des Weisen als ihr Ideal verfolgen.

Der andere Teil des Sinnes ist der ebenso lebhafte Gegensatz
gegen die **Geringschätzung der Persönlichkeit**, welche in ihr bloß
ein vorübergehendes Produkt des Naturlaufs sieht. Die Behauptung
also wird hier ausgesprochen, daß zwischen Gott und Menschen ein
Verhältnis der Pietät stattfinde, daß diese Beziehung stets lebendig
sei, und daß **durch sie, aber auch nur durch sie**, der endliche Geist aufhöre jenes völlig unselbständige Produkt des Naturlaufs zu sein.

Als das **höchste Gut** aber tritt an die Stelle bloßer **Selbstbefriedigung die Hoffnung von Gott geliebt zu sein.** Diese Billigung
durch den höchsten Geist verdrängt den stolzen Anspruch, in der eigenen
Selbstachtung sein Genüge zu haben.

§ 83.

Was den **dritten Satz** angeht, so haben wir uns bereits bekennen müssen, daß wir den **Inhalt und Plan der göttlichen Weltregierung** nicht kennen; und dies hat für die **Religion** die Folge, daß
aus ihrem Gebiete die ganze Betrachtung der äußern Wirklichkeit
ausgeschieden und als Gegenstand der Wissenschaft betrachtet wird,
die den Bestand derselben mit durchaus vorurteilslosen, also auch religiös gar nicht beeinflußten Methoden zu ermitteln hat.

Auch dies unterscheidet das Christentum. Die **heidnischen Religionen** besitzen eine Mythologie, die sehr weitläufig die Thatsachen der Wirklichkeit zu erklären und zu deuten sucht. Das Christentum hat keine und stützt alle seine Reflexionen lediglich auf Betrachtungen der geistigen Welt, von der wir eine innere Erfahrung haben.

Zehntes Kapitel.
Dogmen und Konfessionen.

§ 84.

Mehr als der Inhalt der angeführten drei Sätze ist in der That auch durch die christliche Offenbarung nicht offenbart. Das Durchdrungensein von ihnen und die freiwillige Unterwerfung unter den göttlichen Willen, den sie verlangen, ist die lebendige trostvolle Religiosität oder die Religion als Verfassung des Gemüts.

Es ist indessen ganz unmöglich, die Versuche abzuwehren, diesen ursprünglich nur in lebendiger Ahnung erfaßten Inhalt in eine Reihe formulierter und mitteilbarer Sätze umzugestalten.

Hierzu drängt einesteils die eigene Lebenserfahrung, die den entstandenen Zweifeln nicht immer bloß mit Berufung auf dieselbe Stimmung, sondern auch durch Überzeugungen zu antworten wünscht, die auf den speciellen Inhalt der angeregten Zweifel eingehen. Man kann unter dem Namen der religiösen Mystik das Ganze dieser Versuche zur Theorie zusammenfassen, welche sich ausschließlich auf die eigene innere religiöse Erfahrung gründen und zunächst auch keine andere Geltung als die für das persönliche Subjekt beanspruchen, welches aus der Tiefe seines Gemüts diese Antworten auf jene Zweifel findet.

§ 85.

Diesem ersten Antrieb steht ein zweiter gegenüber. Es ist an sich widersprechend, mit seiner religiösen Überzeugung, die ja den Menschen an das ganze Weltall knüpft, allein zu stehen. Religion ist nicht bloß Verbindung des Einzelnen mit Gott, sondern in dieser Verbindung und durch sie zugleich Verbindung mit allen andern Menschen.

Hierin liegt die eine, achtbare Wurzel des religiösen Fanatismus. Was wir für das Höchste anerkennen, würde dies Höchste nicht sein, wenn es nicht von allen anerkannt würde. Daraus folgt nun freilich nicht die Berechtigung subjektive Ansichten andern aufzu=

drängen, wohl aber das jetzt so häufig verkannte Bedürfnis einer religiösen Gemeinschaft, innerhalb deren jeder zwar nicht völlig den Inhalt seiner individuellen Mystik, aber doch Grundzüge der Überzeugung wiederfindet, denen er seine eigene zu unterwerfen oder anzuschließen im Stande ist.

Das ist also die Notwendigkeit gemeingültiger Dogmen und Symbole.

§ 86.

Ohne Zweifel wird die geschichtliche Entwicklung solcher Gedanken den religiösen Inhalt vollständiger umfassen, als die Lebenserfahrung eines Einzelnen, obgleich die letztere mit größerer Intensität das durchbringt, was einmal Gegenstand persönlicher Erfahrung geworden ist.

Allgemeingültige objektive Dogmen werden daher die doppelte Bestimmung haben, die im Laufe der Zeit gewonnenen Lösungen der Zweifel festzuhalten, anderseits aber gewisse Umrisse zu bezeichnen, über welche hinaus die subjektiven Phantasien nicht gehen sollen, ohne sich dem Irrtum auszusetzen.

Nach unseren früheren Betrachtungen würde eigentlich kein einziges dieser Dogmen eine theoretisch oder wissenschaftlich abschließende Antwort auf eine vorgelegte Frage, sie würden vielmehr alle bloße Symbole sein, welche das Vorhandensein eines Rätsels anerkennen und durch unzureichende bildliche Bezeichnung nur den Bezirk von Gedanken abgrenzen, außerhalb dessen die Erfüllung solcher Postulate nicht gesucht werden darf.

Es würde daher uns für Irrtum gelten, wenn man von dem, der einer religiösen Gemeinschaft angehören will, eine Verpflichtung auf den Wortlaut solcher Dogmen verlangte. Eben ihrem 'Wortlaute' nach können sie gar nicht Gegenstände eines Bekenntnisses oder Nichtbekenntnisses sein. Sie bedürfen, damit diese Frage aufgeworfen werden könne, allemal einer Interpretation des wirklichen Sinnes, den sie stets nur unvollkommen, bildlich oder symbolisch, bezeichnen. Diese Interpretation aber wird nicht objektiv gegeben, sondern jeder Einzelne soll sie in der That durch eine eigene Thätigkeit seines Gemütes finden.

Es scheint also, daß an den, welcher einer Gemeinschaft zugehören will, nur die Frage zu richten ist, ob er in seinem eigenen Innern eine religiöse Wahrheit empfindet und bekennt, welche als Sinn des objektiv formulierten Dogmas sich auffassen läßt und der Mühe wert ist, in solcher Gestalt als ein Verbindungsglied der religiösen Überzeugung einer Gesamtheit anerkannt zu werden.

§ 87.

Man kann einwenden, daß hierin doch eine Art von Unaufrichtigkeit liege.

Allein vor allen Dingen behaupten wir nicht, daß die Religion und ihre Dogmen 'nur für den Ungebildeten' verbindlich seien. Die religiöse Wahrheit vielmehr gilt für alle gleich absolut, die theoretischen Ausdrücke dagegen, die man für sie findet, sind sämtlich unadäquat. Und eben deshalb ist es erlaubt über eine Formulierung übereinzukommen, der jeder diejenige theoretische Deutung giebt, durch die er glaubt, den wesentlichen Sinn am besten zu begreifen.

Auch im übrigen Leben sind wir nicht im stande, Auffassungsweisen der Welt abzuschaffen, die wir gleichwohl innerhalb der Philosophie als unadäquate erkennen. Das Vorhandensein einer Raumwelt außer uns, die Atome und Kräfte der Materie — alles das sind Vorstellungen, ohne deren Benutzung nicht bloß der gemeine Verstand, sondern auch der Philosoph, der ihre Richtigkeit leugnet, gar nicht im stande sein würde, sich in der Beobachtung und der Behandlung der Außenwelt zurecht zu finden. In allen diesen Fällen kommt es nicht sowohl auf die Wahrheit, als auf einen solchen anschaulichen Schein an, der im stande ist, die an sich unausdrückbaren wahren Beziehungen des Wirklichen uns deutlich zu machen.

Ganz ebenso kommt es für die Religion nicht darauf an, daß ein theoretisch vorwurfsfreier Ausdruck für das an sich Überschwängliche gefunden werde, sondern darauf, daß wir bildliche Ausdrücke haben, an welche das Gemüt dieselben Gefühle knüpfen kann, die dem eigentlichen Inhalte gebühren.

Nun ist freilich zuzugeben, daß wir so einfach nur sprechen könnten, wenn diese formulierten Dogmen erst zu stiften wären; sie sind aber vorhanden, und geschichtlich allerdings nicht allenthalben so ausgebildet, daß sie nicht ein Mißverständnis des wahren Sinnes zuließen. Hierin liegt aber doch kein Grund zu eigensinniger Separation von den Kreisen, welche sie anerkennen, sondern nur eine Aufforderung sie nicht zu theoretischem Lehrgegenstande zu machen, und eine Aufgabe der seelsorgerischen Klugheit, die Übelstände einer falschen Interpretation zu bekämpfen.

§ 88.

Die Versuche zur Theorie lassen sich in drei Teile zerlegen, von denen der erste allein, Theologie im engeren Sinne, der Philosophie hinlänglich zugänglich ist.

Wir haben versucht im Vorhergehenden nachzuweisen, welche näheren Bestimmungen des göttlichen Wesens die Philosophie zuläßt, welche sie ausschließt, welche sie endlich verlangt, ohne sie in abäquaten Begriffen liefern zu können. Als Gesamtergebnis wiederholen wir, daß der Glaube an einen persönlichen Gott keiner der metaphysischen Überzeugungen widerspricht, die wir festhalten müssen; daß dagegen die Behauptungen völlig unbegründet sind, die mit entschiedenem Unglauben für alles Religiöse und der leichtsinnigsten Gläubigkeit für physikalische Modetheorien an eine Entstehung des geistigen Lebens aus Kräften bloßer Materie denken; daß endlich der Vorwurf des Anthropomorphismus ganz ungerecht ist, denn die Unterschiede des unendlichen von dem endlichen Geiste werden keineswegs übersehen. Gewiß aber ist es thöricht, das höchste Prinzip der Welt lieber in ein unbewußtes blindes Substrat zu setzen, dessen Begriff eigentlich das für uns vollkommen Dunkle und Undurchdringliche ist.

§ 89.

Die weiteren Spekulationen, z. B. über die 'Dreieinigkeit', würden für das religiöse Leben völlig indifferent sein, wenn sie nicht in Zusammenhang gebracht worden wären mit der Stellung, welche durch die Stiftung oder Offenbarung der Religion das menschliche Geschlecht zu Gott eingenommen hat, und deren Betrachtung überhaupt einen zweiten großen Gegenstand religiöser Theorien bildet.

Nach der hier festgehaltenen Überzeugung von der beständigen Wirksamkeit Gottes in der Welt und auf die einzelnen Geister, und bei der zugestandenen Unkenntnis des bestimmten Planes, den die göttliche Regierung verfolgt, steht der Überzeugung gar nichts entgegen, daß Gott in einzelnen Augenblicken und in einzelnen Personen der Menschheit näher gestanden habe oder in eminenterer Weise sich in ihnen offenbart habe als in anderen.

Wenn daher die Verehrung für den Stifter unserer Religion ihn als 'Sohn Gottes' bezeichnet, so ist gegen den vorigen wesentlichen Gedanken, der hierdurch ausgesprochen wird, kein ernsthafter Einwand möglich; auch ist es ohne Zweifel berechtigt, das Verhältnis, in welchem er zu Gott gestanden habe, nicht bloß dem Grade nach, sondern auch seiner wesentlichen Art nach als durchaus einzig zu betrachten.

Allein niemand kann für das, was diesen Intentionen entsprechen würde, einen adäquaten Ausdruck finden. Da Christus im eigentlichen Sinne nun doch einmal Gottes 'Sohn' nicht sein kann, der wahre Sinn aber dieses bildlichen Ausdrucks gar keine authentische Interpretion zuläßt, so ist dieser ganze Satz gar nicht geeignet ein theoretisches Dogma zu bilden; und wer ihn bejaht, drückt in der That bloß seine Überzeugung des einzigen Wertes aus, den Christus für ihn und sein Verhältnis zu Gott für die Menschheit habe, ohne jedoch beides definieren zu können.

§ 90.

Wer die Lehre und die Lebensgeschichte Christi unbefangen auf sein Gemüt wirken läßt, ohne diesen Eindruck zu analysieren, kann überzeugt sein, daß hier zum Heile der Menschheit eine unendlich wertvolle und einzige That geschehen ist. Aber die Versuche, Inhalt und Wert dieser That theoretisch festzustellen, führen sämtlich nicht zum Ziele.

Es ist unmöglich von einer 'Satisfaction' zu sprechen, welche die Ehre Gottes für ihre Kränkung durch die menschliche Sünde durch den Opfertod eines Einzigen erhalte. Denn abgesehen von der etwas rohen Auffassung Gottes gründet sich diese Ansicht auf den ganz unmöglichen Begriff einer solidarischen Einheit des Menschengeschlechts und der Möglichkeit einer Übertragung seiner Schuld und Pflicht auf einen einzigen Repräsentanten.

Die menschlicheren Vorstellungen von einer 'Versöhnung' oder 'Erlösung' lassen, die letztere wenigstens, unbestimmt, von wem eigentlich sich die Menschheit durch dies Lösegeld befreit sieht. Es könnte nicht sowohl Gott sein, als vielmehr die naturgesetzliche Ordnung, welche mit unserer Endlichkeit die Sünde und mit dieser die Verdammnis verbunden hat.

Nun wissen wir, daß wir weder von den physischen Übeln noch von der Möglichkeit der Sünde erlöst sind. Es bleibt also als die praktisch wirksame Folge der Erlösung nur der Inhalt eines uns offenbarten und angebotenen Glaubens übrig, welcher uns von der Angst und Trostlosigkeit des Geschöpfes insofern erlöst, als er uns alle Übel nur als göttliche Prüfung, das ganze irdische Leben aber zwar nicht als bedeutungslos, jedoch auch nicht als unwiderruflich Letztes, sondern als eine Vorbereitung ansehen lehrt, für deren Irrtümer es in der göttlichen Gnade eine Lösung giebt, welche wir theoretisch nicht im mindesten definieren können.

Alle weiteren Spekulationen, die sich hier noch über den **Ursprung der Sünde** und ihre Folgen anknüpfen, sind für das religiöse Leben vollkommen nutzlos.

§ 91.

Auch der dritte Teil solcher Spekulationen, den wir als **Eschatologie** zusammenfassen können, verträgt keine theoretische Ausbildung. Sowohl die **irdische Zukunft** des menschlichen Geschlechts als die Art unserer **Unsterblichkeit** und der **Vergeltung**, welche das **Weltgericht** bringen wird, sind jeder konkreten Ausmalung vollkommen unzugänglich. Und hier hat der Humanismus der neueren Zeit sich in der That dieser konkreten Vorstellungen ganz entwöhnt und sich so, wie es sein muß, damit begnügt, den allgemeinen Glauben an Fortdauer und beständige Vervollkommnung sowie an eine Vergeltung festzuhalten, und eben dadurch gezeigt, daß einem wahrhaft religiösen Leben wirklich jene große Summe von Kenntnissen gar nicht nötig ist, welche eine mißverständliche Dogmatik ihm zumutet.

§ 92.

Schon früher ist erwähnt, welchen Wert das Bedürfnis hat, mit seinen religiösen Überzeugungen nicht **allein** zu stehen. Dieser Wert wächst um so mehr, weil eben der Inhalt dieser Überzeugungen selbst in dem Glauben an eine unabläßige Verbindung der Menschen unter einander und mit Gott besteht, in welche einzutreten jedem durch freien Entschluß möglich ist.

Nennen wir diese Gemeinschaft die **unsichtbare Kirche**, so ist dagegen die **sichtbare** allerdings nur eine menschliche Institution der gläubigen Gesellschaft, teils zur Gemeinschaft des Gottesdienstes teils zur Anordnung ihrer irdischen Angelegenheiten in Übereinstimmung mit den Geboten ihres Glaubens. Jeder Anspruch dagegen ist unbegründet, den diese sichtbare Kirche erheben könnte, den Weg zum ewigen Heil nicht bloß zu lehren und auf ihn zu leiten, sondern ihn aus eigener Macht zu öffnen und zu verschließen.

Im übrigen wird die Kirche, wie jede andere Institution, mit den Ordnungen des Staates nicht in Widerspruch geraten dürfen, obgleich wir nicht für einen glücklichen Ausdruck halten können, daß sie anders als in völlig indifferenten Äußerlichkeiten diesen Ordnungen unterworfen sein müsse. Es ist im Gegenteil das Übel der Gegenwart und freilich historisch bedingt, daß der Staat an sich ohne religiöses Fundament existieren muß und es nicht zu bedürfen glaubt.

Aber die vollkommene Einheit des Staats auch in religiösen Dingen würde freilich voraussetzen, daß zwei feindliche Parteien zur Bescheidenheit zurückkehrten: daß nämlich einesteils die theologische Gelehrsamkeit, anderenteils die irreligiöse Naturwissenschaft nicht so sehr vieles genau zu wissen behaupteten, was sie weder wissen noch wissen können, daß also in der Anerkennung göttlicher Geheimnisse, welche der Interpretation jedes einzelnen gläubigen Gemüts überlassen bleiben, und allgemeiner sittlicher Vorschriften, über die ein Streit der Meinungen ohnehin nicht besteht, das religiöse Leben sich nach dem Wahlspruch entwickle: In necessariis unitas, in dubiis libertas, in omnibus caritas.